DURCH STARTEN

MIT TESTS ZU DEN BILDUNGS-STANDARDS

DEUTSCH

4

4. Klasse VS

TESTBUCH LÖSUNGSHEFT

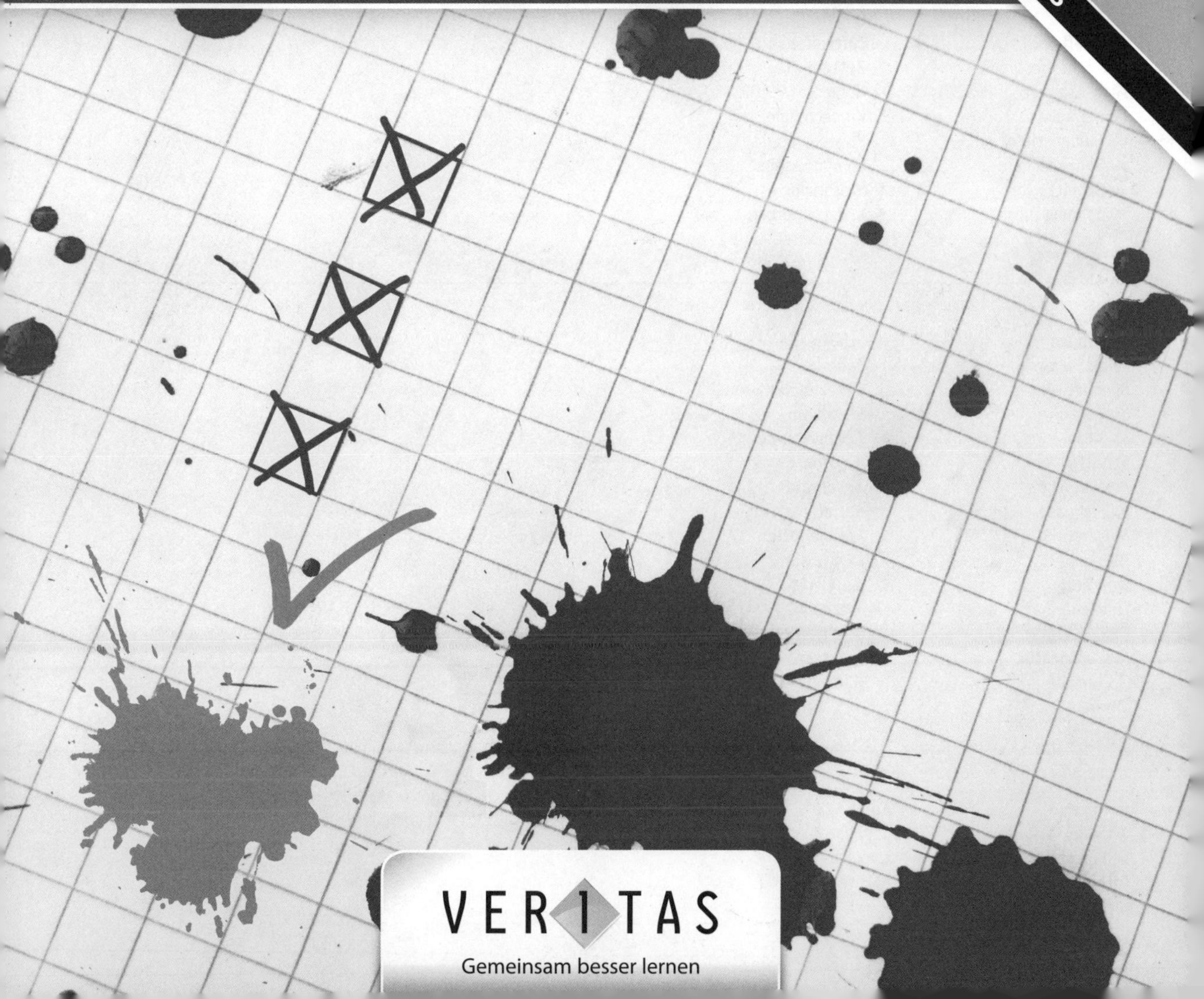

VERITAS

Gemeinsam besser lernen

TEST 1

✗ Schaukel
✗ Spinne
❍ Flische
✗ Stange
❍ Onerik
✗ Fenster
✗ Anorak
✗ Ameise
✗ Stachel
❍ Furkel
✗ Bremse
❍ Pipruka
✗ Lampe
✗ Bürste
✗ Ananas

✗ Paprika
✗ Schwan
✗ Finger
❍ Auta
✗ Lasso
❍ Punsel
✗ Telefon
✗ Knochen
❍ Schwulbe
✗ Walze
✗ Straße
✗ Mantel
❍ Imase
❍ Binone
❍ Tilefan

TEST 2

✗ Zahnbürste
✗ Spielplatz
❍ Brotfisch
✗ Handschuh
✗ Farbstift
❍ Hausmond
✗ Löwenzahn
❍ Brieffeind
✗ Kochlöffel
✗ Wurstsalat
❍ Gummieis
✗ Gummistiefel
✗ Sonnenschein
✗ Schultasche
❍ Schneeschirm

✗ Eisenbahn
❍ Glasmund
✗ Autobus
✗ Apfelsaft
❍ Teehase
✗ Tischlampe
❍ Bügelzelt
✗ Luftballon
✗ Butterbrot
❍ Gurkenrose
✗ Kinderzimmer
❍ Plastiksuppe
✗ Computerspiel
✗ Stoffpuppe
✗ Kugelschreiber

TEST 3

Anmerkung: Die zu ergänzenden Wortteile sind fett gedruckt.

*Bilder*bu**ch**
*Sonnen*schi**rm**
*Blei*st**ift**
*Kirch*tu**rm**
*Sonn*t**ag**
*Ess*lö**ffel**
*Post*kut**sche**
*Blumen*va**se**
*Namen*wor**t**
*Wett*kam**pf**
*Wahr*h**eit**
*Flug*z**eug**
*Dino*sau**rier**
*Kasperl*the**ater**
*Zucker*rü**be**

↓ *Schoko*l**ade**
*Rucks***ack**
*Bade*zi**mmer**
*Sturz*he**lm**
*Taschen*la**mpe**
*Angst*ha**se**
*Nadel*wa**ld**
*Butter*br**ot**
*Sommer*fer**ien**
*Weg*wei**ser**
*neu*gie**rig**
*Mitt*wo**ch**
*Gemüse*su**ppe**
*Keks*do**se**
*Werk*z**eug**

TEST 4

Anmerkung: Die zu ergänzenden Wortteile sind fett gedruckt.

Bana**ne**
Anor**ak**
Schauk**el**
Gita**rre**

Apf**el**
dankb**ar**
Zwetsch**ke**
Rake**te**

Dezem**ber**
höf**lich**
Onk**el**
Papri**ka**
Künst**ler**
Himm**el**
wolk**ig**
Stief**el**
Thea**ter**
Ele**fant**
Vulk**an**

Jogg**ing**
Gür**tel**
Räub**er**
Schus**ter**
Toma**te**
Fab**rik**
Koff**er**
Hüg**el**
stür**misch**
Apothe**ke**
Fens**ter**

TEST 5

Anmerkung: Die Aussprache der Fremdwörter, die anders gesprochen werden, steht in Klammer.

✗ Gymnasium
❍ Joystick [dschoistick]
✗ Exemplar
❍ Rowdy [raudi]
❍ Shirt [schört]
✗ Apotheke
❍ Kakao [kakau]
❍ Pool [pul]
❍ Jeep [dschip]
✗ Subjekt
❍ Quiz [kwis]
❍ Computer [kompjuter]
✗ Theater
❍ Ketchup [ketschap]
❍ Chefin [schefin]

↓ ❍ cool [kul]
✗ Geometrie
✗ Box
❍ Jeans [dschins]
❍ Jazz [dsches]
❍ Handy [hendi]
❍ Orange [oransche]
✗ Pizzeria
❍ Baby [bebi]
❍ Pyjama [pidschama]
❍ Garage [garasche]
✗ Hygiene
❍ Jongleur [schonglör]
✗ Grammatik
✗ Konserve

TEST 6

Anmerkung: Zur besseren Veranschaulichung ist beim Überraschungswort das Grundwort = letzte Wort fett gesetzt.

das Erdbeereis
das Vanilleeis
das Zitroneneis
das Himbeereis
der Milch**reis**

der Weißwein
der Rotwein
der Apfelwein
der Tischwein
das Wild**schwein**

das Hühnerauge
das Katzenauge
das Tigerauge
das Kamelauge
die Wasch**lauge**

das Zootier
das Waldtier
das Wassertier
das Haustier
der Jung**stier**

die Tischlerei
die Schneiderei
die Wäscherei
die Fleischerei
der Baby**brei**

die Strickerei
die Näherei
die Bastelei
die Stickerei
der Wut**schrei**

TEST 7

Anmerkung: Die zu ergänzenden Buchstaben sind fett gedruckt.

↓ Jürgens Papa ist **nett**.
Jürgens Papa arbeitet im **Bü**ro.
Jürgens Papa sitzt vor dem **C**omputer.
Jürgens Papa trägt eine **Br**ille.
Jürgens Papa spielt **G**olf.

↓ Jürgens **M**ama **i**st **g**roß.
Jürgens **M**ama **u**nterrichtet **S**port.
Jürgens **M**ama **s**urft **u**nd **s**egelt.
Jürgens **M**ama **i**sst **O**bst **u**nd **G**emüse.
Jürgens **M**ama **l**iebt **H**austiere.

↓ Jürgens Opa ist **k**ran**k**.
Jürgens Opa liegt im **K**rankenhau**s**.
Jürgens Opa wird **m**orge**n** **o**perier**t**.
Jürgens Opa hat **s**tark**e** **R**ückenschmerze**n**.
Jürgens Opa wird **h**offentli**ch** **g**esun**d**.

TEST 8

1. Aus Schaden wird man *klug/~~reich~~*.
2. Gut gekaut ist halb *~~gekocht~~/verdaut*.
3. Eine Schwalbe macht noch keinen *~~Winter~~/Sommer*.
4. Morgenstund' hat Gold im *~~Tresor~~/Mund*.
5. Zeit heilt alle *~~Ärzte~~/Wunden*.
6. Es ist noch kein Meister vom Himmel *gefallen/~~geschneit~~*.
7. Wenn sich zwei streiten, freut sich der *~~Nächste~~/*Dritte.
8. Was du heute kannst besorgen, das verschiebe nicht auf *morgen/~~ewig~~*.
9. Irren ist *~~herrlich~~/menschlich*.
10. Ein blindes Huhn findet auch einmal ein *~~Ei~~/Korn*.
11. Wer anderen eine Grube gräbt, fällt selbst *hinein/~~nieder~~*.
12. Am Abend wird der Faule *~~krank~~/fleißig*.
13. Hunger ist der beste *~~Lehrmeister~~/Koch*.
14. Viele Köche verderben den *Brei/~~Ausflug~~*.
15. Vorsicht ist die Mutter der *~~Kohlenkiste~~/Porzellankiste*.

TEST 9

Anmerkung: In Klammer steht unter der Lösung die entsprechende Redewendung.

6 Dem einen gefällt es gut, dem anderen überhaupt nicht.
[Das ist reine Geschmackssache.]

1 Das ist ein Skandal.
[Das stinkt zum Himmel.]

5 Man muss eine Sache weiter beobachten.
[Man muss die Sache im Auge behalten.]

2 Jemand nimmt jede Kleinigkeit wahr.
[Er hört das Gras wachsen.]

4 Jemand hat kein Empfinden, Gespür für etwas.
[Er hat kein Fingerspitzengefühl.]

3 Jemand ist mutig und schreckt vor keiner Gefahr zurück.
[Er sieht der Gefahr ins Auge.]

8 Jemand ahnt etwas, sieht etwas voraus.
[Er hat einen guten Riecher gehabt.]

7 Jemand hat uns über etwas (Unerfreuliches) aufgeklärt.
[Er hat uns die Augen geöffnet.]

TEST 10

1. SELBSTMORD VON EIFFELTURM!
   ✗ Jemand ist vom Eiffelturm in den Tod gesprungen.
   ❍ Der Eiffelturm hat Selbstmord verübt.
2. KINDERMÄDCHEN FÜR DREIJÄHRIGES KIND GESUCHT, DAS BÜGELN, NÄHEN UND KOCHEN KANN.
   ✗ Das Kindermädchen soll bügeln, nähen und kochen können.
   ❍ Das dreijährige Kind soll bügeln, nähen und kochen können.

3. DIE FRAU WOLLTE DAS KLEID IN DER AUSLAGE PROBIEREN.
   ❍ Die Frau wollte sich in der Auslage umziehen.
   ✗ Die Frau wollte das Kleid, das in der Auslage ausgestellt ist, probieren.

4. DURCH DIE REINIGUNG DER FREIWILLIGEN HELFER WURDE EIN BEITRAG ZU EINEM SAUBEREN ORTSBILD GELEISTET.
   ✗ Die Ortbildsäuberung erfolgte durch die freiwilligen Helfer.
   ❍ Die freiwilligen Helfer wurden gereinigt.

5. DIE SEELEUTE SIND TAGE UNTERWEGS, UM FISCHE ZU FANGEN. DANACH WERDEN SIE TIEFGEFROREN VERSCHICKT.
   ✗ Die Fische werden tiefgefroren verschickt.
   ❍ Die Seeleute werden tiefgefroren verschickt.

6. NETTE REINIGUNGSFRAU FÜR WIEN GESUCHT!
   ❍ Die Frau soll ganz Wien reinigen.
   ✗ Die Frau soll bei einer Wiener Familie reinigen.

TEST 11

In der Minute, die jetzt ist		
und die du gleich nachher vergisst,		
geht ein Kamel auf allen Vieren		
im gelben Wüstensand spazieren,		
und auf dem Nordpol l.... jetzt Schnee	→	liegt
und tief im Titicacasee		
schw.... eine lustige Forelle.	→	schwimmt
Und eine lustige Gazelle		
spr.... in Ägypten durch den Sand.	→	springt
Und weiter weg im Abendland		
schlu... jetzt ein Knabe Lebertran.	→	schluckt
Und auf dem großen Ozean		
f.... wohl ein Dampfer durch den Sturm.	→	fährt
In China kr..... ein Regenwurm	→	kriecht
zu dieser Zeit zwei Zentimeter.		
In Prag h.. jemand Ziegenpeter,	→	hat
und in Amerika ist wer,		
der tr.... grad seine Tasse leer,	→	trinkt
und in Australien – huhu-		
hü... aus dem Busch ein Känguru.	→	hüpft

(Eva Bartoschek-Rechlin, gekürzt © RN Christian Bartoschek)

TEST 12

1
Schafe sind genügsame Tiere. Sie weiden in trockenen Gebieten und begnügen sich mit mageren Gräsern. Besonders viele Schafe leben in Australien und in der Türkei. Schafhirten und Hüterhunde umkreisen die ...

3
nehmen sie einen Anlauf und prallen mit den Köpfen gegeneinander. Das kracht schrecklich, macht ihnen aber nicht viel aus.

2
riesigen Herden und halten sie zusammen.
Die männlichen Schafe heißen Widder. Man erkennt sie an den großen Hörnern. Die Widder haben sehr harte Köpfe. Wenn sie kämpfen,

5
werden leider geschlachtet und gegessen.
Das wichtigste Produkt der Schafe ist aber ihre Wolle. Es gibt eigene Wollschafe. Aus dem lockigen Haar der Wollschafe spinnt man jährlich

8
Etwas allerdings ist schlimm: Vom Fell der Lämmer des Karakulschafes werden die kostbaren Persianermäntel hergestellt. Viele Lämmer büßen dafür ihr Leben ein. Gut, dass es heute schon schöne Kunstpelze im Handel gibt.

4
Weibliche Schafe tragen keine Hörner. Dafür haben sie aber ein Euter, aus denen die Lämmer die Milch saugen.
Aus dieser Schafmilch machen die Menschen Schafkäse. Viele Schafe

7
Schaf liefert drei bis fünf Kilo Wolle. Die schnellsten Schafscherer brauchen weniger als eine Minute für eine Schafschur. Das Scheren tut den Schafen nicht weh, auch wenn sie sich manchmal dagegen wehren.

6
zig tausend Tonnen Schafwolle. Daraus werden Kleidungsstücke gestrickt und Stoffe gewoben. Zweimal im Jahr kann man die Schafe scheren. Jedes

TEST 13

Anmerkung: Die Randnotizen können etwas von diesen Lösungsvorschlägen abweichen.

Eine österreichische Lehrerin hat in Japan eine Grundschule besucht und kann allerhand erzählen:

In dieser Schule tragen alle Kinder eine Schuluniform.	→	Schuluniform
Jedes Kind hat an seiner Kleidung ein Namensschild aufgenäht.	→	Namensschild
Die Mädchen haben eine rote, die Buben eine schwarze Schultasche.	→	rote / schwarze Schultaschen
Im Klassenzimmer hat jedes Kind einen eigenen kleinen Tisch.	→	Einzeltische
Wenn die Kinder etwas fragen, antworten oder sagen wollen, müssen sie sich melden. Sie heben dabei beide Arme hoch.	→	sich mit beiden Armen melden
In der ganzen Schule gibt es keine einzige Reinigungsfrau. Die Kinder putzen das Klassenzimmer selbst.	→	kein Reinigungspersonal
Die Kinder essen mittags in der Schule.	→	gemeinsames Mittagessen
Am Nachmittag haben sie noch einmal bis halb vier Unterricht.	→	Nachmittagsunterricht
Die Kinder gehen sechs Jahre in die Grundschule.	→	sechs Jahre Grundschule

TEST 14

1.

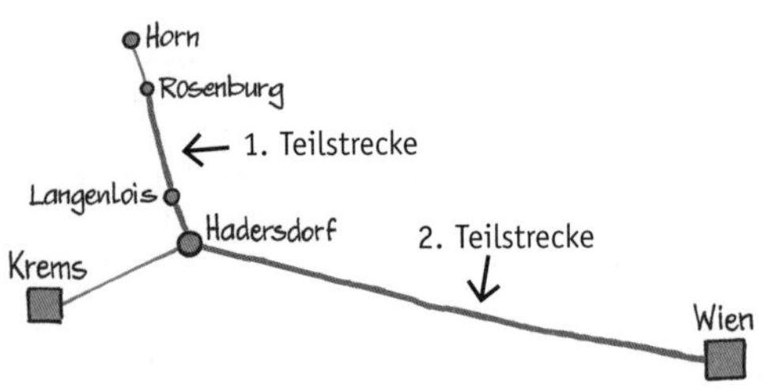

2.

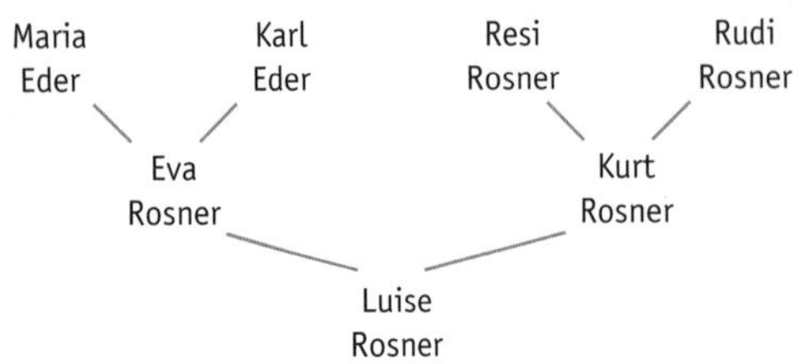

TEST 15

1. Abschnitt	❍ Hoch zu Ross!	kein Häkchen
	❍ Der Hochzeitsritt	ein Häkchen
	✗ Der Hochzeitsritt auf den Kahlenberg	zwei Häkchen
2. Abschnitt	❍ Die schöne Aussicht	kein Häkchen
	✗ Der verwehte Schleier	zwei Häkchen
	❍ Der Windstoß	ein Häkchen
3. Abschnitt	✗ Die erfolglose Suche	zwei Häkchen
	❍ Die Suche	ein Häkchen
	❍ Trostlos!	kein Häkchen
4. Abschnitt	❍ Die Jagd	ein Häkchen
	✗ Der wundersame Fund	zwei Häkchen
	❍ Die glückliche Agnes	kein Häkchen
5. Abschnitt	❍ Der Klosterbau	ein Häkchen
	✗ Der Klosterbau an der Fundstelle	zwei Häkchen
	❍ Das Wunder	kein Häkchen

TEST 16

	Nordpol	Südpol
Name:	Arktis	Antarktis
Temperaturen:	bis –70°	bis –88°
Tierwelt:	Eisbären	Pinguine
Bewohner:	Inuits	Wissenschafter
Entdeckung:	1909	1911
Entdecker:	Peary	Amundsen

TEST 17

Frage 1: Wann fährt der Zug in Rosenburg ab? 8.24

Frage 2: Wie viele Minuten beträgt die Fahrzeit von Rosenburg nach Hadersdorf? .... 42 Minuten

Frage 3: Wann steigt Jonas zu? 9.00

Frage 4: Wie viele Minuten haben sie in Hadersdorf Zeit zum Umsteigen? .... 5 Minuten

Frage 5: Wann fährt der Anschlusszug nach Wien ab? 9.11

Frage 6: Um wie viel Uhr soll Tante Susi spätestens am Franz-Josefs-Bahnhof sein, um die beiden abzuholen? 10.04

TEST 18

❍ Niemand hat Schuld, weil ein Unfall einfach Schicksal ist.
✗ Klaus hat Schuld, weil er nicht nach links und rechts schaut.
❍ Der Radfahrer hat Schuld, weil er das Rad nicht geschoben hat.
❍ Die Mutter hat Schuld, weil sie Klaus von der Schule abholt.
(✗) Peter hat Schuld, weil er Klaus auf seine Mutter aufmerksam macht.
[Hier könnte man auch eine Kreuzchen machen, da Peters Hinweis das Fehlverhalten von Klaus eingeleitet hat.]
❍ Der Verkäufer des Fahrrades hat Schuld.
✗ Die Direktion hat Schuld, weil ein Schutzgitter zwischen Straße und Schultor fehlt.
✗ Die Mutter hat Schuld, weil sie auf der anderen Straßenseite wartet.
✗ Klaus hat Schuld, weil er über die Straße läuft.
❍ Der Radfahrer hat Schuld, weil er schon etwas älter ist.
✗ An einem Unfall hat selten nur e i n e r Schuld.
❍ Niemand hat Schuld, weil ohnehin nicht viel passiert ist.

TEST 19

1. Gedicht — Der Dichter möchte
❍ Wissenswertes vermitteln.
✗ mit Wortspielen Spaß machen.
❍ zum Nachdenken anregen.

2. Gedicht — Das Gedicht möchte
❍ zum kritischen Denken anregen.
❍ unterhalten.
✗ zum Raten einladen.

3. Gedicht — Die Verfasserin möchte
❍ den Leser traurig machen.
✗ helfen, mit den eigenen Gefühlen fertig zu werden.
❍ den Leser wütend machen.

4. Gedicht — Mit dem Gedicht kann man
❍ zum Namenstag gratulieren.
❍ zu allen Anlässen gratulieren.
✗ zum Geburtstag gratulieren.

5. Gedicht — Der Dichter möchte aufzeigen,
❍ dass Strom gefährlich ist.
✗ dass ohne Strom nur wenig funktioniert.
❍ dass Strom teuer ist.

TEST 20

Diese beiden Strophen erzählen die Geschichte von Fortunat: 3, 4
Diese beiden Strophen erzählen die Geschichte von Archibald: 6, 7
Diese beiden Strophen erzählen die Geschichte von Steenebarg: 9, 10
Diese drei Strophen wiederholen sich = Refrain: 5, 8, 11

Diese Kompetenz beherrsche ich					
Punkte	8 und 9	7	6	5	unter 5

TEST 21

1. Jemand sucht eine Wohnung. — Anzeigenteil
2. Jemand weiß nicht, wie man „Känguru" schreibt. — Österreichisches Wörterbuch
3. Jemand möchte die aktuellen Fußballergebnisse wissen. — Sportteil
4. Jemand sucht die Fahrtroute von Linz nach Freistadt. — Autoatlas
5. Jemand möchte „Buchstabe" in Englisch wissen. — Englisch-Lexikon
6. Jemand möchte Rindsrouladen kochen. — Kochbuch
7. Jemand möchte eine Person anrufen. — Telefonbuch
8. Jemand möchte etwas über die örtliche Pestsäule wissen. — Ortschronik
9. Jemand möchte die Abfahrtszeit eines Zuges wissen. — Fahrplan
10. Jemand möchte wissen, wie alt Löwen werden. — Tierlexikon

TEST 22

1. Wie alt kann der Bergahorn werden?

Suchbegriff(e): Bergahorn, Alter
Antwort: 500 Jahre und mehr

2. In welchem Jahr wurde der Großglockner das erste Mal bestiegen?

Suchbegriff(e): Großglockner, Erstbesteigung
Antwort: 1800 (28. Juli)

3. Wer gilt als Erfinder des Fahrrades?

Suchbegriff(e): Fahrrad, Erfinder
Antwort: Carl Freiherr von Drais (1817)

4. Wie lang ist der Nil, der längste Fluss der Welt?

Suchbegriff(e): Nil, Länge
Antwort: 6. 852 km

5. Karl May ist einer der bekanntesten deutschen Schriftsteller.
Wie heißt der 1. Band seiner „Gesammelten Reiseerzählungen"?

Suchbegriff(e): Karl May, Reiseerzählungen
Antwort: „Durch Wüste und Harem"; ab 1895 „Durch die Wüste"

TEST 23

Vorsilbe ge / Ge	Vorsilbe be / Be	Vorsilbe an / An
✗ Gebirge	❍ beten	✗ anfangen
❍ Germ	✗ begreifen	❍ Angst
❍ Geld	✗ bemerken	✗ Anblick
✗ geflossen	❍ Bettler	✗ Anhänger
❍ Gelse	❍ Besen	❍ Ananas
✗ Geduld	✗ Begleiter	❍ Anker

Vorsilbe her / Her	Vorsilbe hin / Hin	Vorsilbe zu / Zu
✗ hervor	✗ hinlegen	❍ Zunge
❍ Herd	❍ hinken	✗ zufrieden
✗ herstellen	❍ hinten	✗ Zukunft
❍ Herz	✗ hinaus	❍ Zucker
✗ herab	✗ Hinweis	✗ Zugang
❍ Herbst	❍ hindern	❍ zupfen

TEST 24

Hinweis: Zur besseren Unterscheidung ist die Vorsilbe kursiv, die Stammsilbe fett gesetzt.

GE oder GEH?

*GE*FAHR	**GEH**STEIG
GEHWEG	*GE*SCHIRR
*GE*WICHT	*GE*SICHT
GEHSCHULE	*GE*TRÄNK
*GE*SCHÄFT	*GE*PÄCK
GEHSTOCK	**GEH**BEHINDERT

VOR oder FOR?

*VOR*TEIL	*VOR*HANG
FORMEL	**FOR**SCHER
*VOR*BILD	*VOR*ÜBER
FORDERN	*VOR*NAME
*VOR*SILBE	*VOR*SICHTIG
FORMAT	*VOR*STELLEN

VER oder FER?

*VER*NUNFT	**FER**KEL
*VER*DACHT	*VER*KEHRT
FERNE	*VER*RÄTER
*VER*KÄUFER	**FER**TIG
*VER*MISSEN	*VER*LETZUNG
*VER*PACKUNG	*VER*BESSERN

TEST 25

die Qu**a**l	→	qu**ä**len
schl**a**gen	→	es schl**ä**gt
die H**e**xe	→	verh**e**xen
der T**a**g	→	t**ä**glich
der R**e**st	→	r**e**stlich
die Gr**e**nze	→	angr**e**nzen
die Gef**a**hr	→	gef**ä**hrlich
b**a**cken	→	das Geb**ä**ck
die Z**a**hl	→	abz**ä**hlen
der Sch**e**rz	→	sch**e**rzen

der T**eu**fel	→	t**eu**flisch
der Sch**au**m	→	sch**äu**men
fr**eu**en	→	erfr**eu**lich
k**au**fen	→	verk**äu**flich
der Tr**au**m	→	vertr**äu**mt
das Kr**eu**z	→	die Kr**eu**zung
str**eu**en	→	das Str**eu**salz
der H**au**fen	→	h**äu**fig
r**au**ben	→	der R**äu**ber
die B**eu**le	→	verb**eu**lt

TEST 26

Klei**d**	weil	Klei**d**er
bun**t**	weil	bun**t**er
jeman**d**	weil	jeman**d**em
Aben**d**	weil	Aben**d**e
Fros**t**	weil	fros**t**ig
gesun**d**	weil	gesün**d**er
schlan**k**	weil	schlan**k**er
We**g**	weil	We**g**e
Fabri**k**	weil	Fabri**k**en
flin**k**	weil	flin**k**er
kran**k**	weil	erkran**k**en
Geschen**k**	weil	schen**k**en
plum**p**	weil	plum**p**er
Kor**b**	weil	Kör**b**e
lie**b**	weil	lie**b**er
Lum**p**	weil	Lum**p**en
Stau**b**	weil	stau**b**ig
Kal**b**	weil	Käl**b**er

TEST 27

er zwin**g**t	weil	zwin**g**en
er bie**g**t	weil	bie**g**en
er kla**g**t	weil	kla**g**en
es blin**k**t	weil	blin**k**en

es stin**k**t	weil	stin**k**en
er dan**k**t	weil	dan**k**en
sie stei**g**t	weil	stei**g**en
es bewir**k**t	weil	bewir**k**en
er len**k**t	weil	len**k**en
er verlan**g**t	weil	verlan**g**en
sie wel**k**t	weil	wel**k**en
es klin**g**t	weil	klin**g**en

er lie**b**t	weil	lie**b**en
sie lo**b**t	weil	lo**b**en
er rau**b**t	weil	rau**b**en
er to**b**t	weil	to**b**en
er hu**p**t	weil	hu**p**en
er le**b**t	weil	le**b**en
er schrei**b**t	weil	schrei**b**en
es verdir**b**t	weil	verder**b**en

TEST 28

Anmerkung: Die Wortbausteine sind abwechselnd kursiv und normal gesetzt.

*un*wahr*schein*lich	*genieß*bar
*Süß*ig*keit*en	*Un*dank*bar*keit
*Weih*nachtsbaum	*zer*reiß*en*
*Fuß*ball*mann*schaft	*drei*und*vier*zig
*Ge*burtstag	*vor*aus*sicht*lich
*un*ver*letz*bar	*ab*ge*stürz*t
*be*ein*druck*t	*ver*un*glück*en
*un*ver*gess*lich	

TEST 29

süß	→	ver**süß**en	**Süß**igkeit
viel	→	**viel**leicht	ver**viel**fältigen
mehr	→	ver**mehr**en	**Mehr**zahl
voll	→	**völl**ig	**Voll**kornbrot
roh	→	**Roh**eisen	**Roh**kost
Paar	→	Ehe**paar**	sich **paar**en
bloß	→	**bloß**füßig	**bloß**stellen
Schluss	→	**Schlüss**el	un**schlüss**ig
rück(en)	→	zu**rück**	ver**rück**t
leer(en)	→	**Leer**gut	ent**leer**en
Platz	→	**Plätz**e	zer**platz**en
hoff(en)	→	**Hoff**nung	unver**hoff**t
pack(en)	→	ver**pack**en	Ver**pack**ung
Saite	→	Darm**saite**	**Saiten**instrument
Sturz	→	ge**stürz**t	**Sturz**helm
reiß(en)	→	zer**reiß**en	**Reiß**verschluss

TEST 30

hervorrage**nde** Leistungen	→	hervorrage**nd**ste	Leistungen
verschiede**ne** Meinungen	→	verschiede**n**ste	Meinungen
spanne**nde** Filme	→	spanne**nd**ste	Filme
zufriede**ne** Kunden	→	zufriede**n**ste	Kunden
reize**nde** Kleider	→	reize**nd**ste	Kleider
trocke**ne** Gebiete	→	trocke**n**ste	Gebiete
anstrenge**nde** Touren	→	anstrenge**nd**ste	Touren
verheere**nde** Brände	→	verheere**nd**ste	Brände
bescheide**ne** Leute	→	bescheide**n**ste	Leute
treffe**nde** Worte	→	treffe**nd**ste	Worte
verborge**ne** Wünsche	→	verborge**n**ste	Wünsche

erlese**ne** Speisen	→	erlese**ns**te	Speisen
bedeute**nd**e Personen	→	bedeute**nd**ste	Personen
verdorbe**ne** Waren	→	verdorbe**ns**te	Waren

TEST 31

er + ringen	=	erringen
auf + fällig	=	auffällig
be + enden	=	beenden
ver + raten	=	verraten
voll + laufen	=	volllaufen
ent + täuschen	=	enttäuschen
her + innen	=	herinnen
Schritt + Tempo	=	Schritttempo
er + reichen	=	erreichen
ge + ehrt	=	geehrt
Schiff + Fahrt	=	Schifffahrt
viel + leicht	=	vielleicht
brenn(en) + Nessel	=	Brennnessel
weis(e) + sagen	=	weissagen
fort + tragen	=	forttragen
er + eignen	=	ereignen
weih(en) + Nacht	=	Weihnacht
Donau + Ufer	=	Donauufer
nach + her	=	nachher

TEST 32

einmal kam der teufel in ein dorf, nahm drei frauen mit und verwandelte sie in drei rosensträucher. diese standen auf einer wiese außerhalb des dorfes. die büsche waren in farbe, form und duft vollkommen gleich. sie hatten auch dieselbe anzahl von blättern, blüten und stacheln. hinter einem rosenstrauch steckte eine frau, die daheim mann und kind hatte.
der teufel hatte erbarmen und ließ die frau jede nacht zu ihrer familie gehen. nach sonnenuntergang kam die frau immer heim. sobald aber am morgen die sonne aufging, musste sie wieder als rosenstrauch zurück auf die wiese. sie wollte aber auch bei tag bei ihrer familie sein. der teufel stimmte zu, gab aber dem mann eine aufgabe.
der teufel forderte: „morgen in der früh, wenn deine frau wieder zurück auf die wiese geht, folgst du ihr etwas später. wenn du den rosenstrauch erkennst, der deine frau ist, kann sie wieder tag und nacht bei euch sein." als die sonne aufging, verschwand die frau. kurz danach ging der mann auf die wiese. lange betrachtete er die drei rosenbüsche. sie schauten wirklich gleich aus. er wusste aber, welcher seine frau war.

Lösung: Die beiden anderen Rosenbüsche waren feucht vom Morgentau.

TEST 33

freundlich	**F**reundschaft
maßlos	**M**äßigung
würdig	**W**ürdigung
Hoffnung	**h**offnungslos
Kindheit	**k**indisch
feindlich	**F**eindschaft
herzlich	**h**erzlos
endlich	**E**ndung
kränklich	**K**rankheit
Faulheit	**f**aulig
Zeitung	**z**eitlos
Freiheit	**f**reilich
traurig	**T**raurigkeit

Heilung	**h**eilbar
kräftig	**k**raftlos
festlich	**F**estung

TEST 34

Feuer	+	ROT	=	feuer**rot** *
Eis	+	LAUFEN	=	eis**laufen** **
knall(en)	+	FROSCH	=	Knall**frosch** ***
Eis	+	KALT	=	eis**kalt**
Kopf	+	STEHEN	=	kopf**stehen**
Titel	+	BLATT	=	Titel**blatt**
Kopf	+	RECHNEN	=	kopf**rechnen**
gleich	+	GEWICHT	=	Gleich**gewicht**
gleich	+	GÜLTIG	=	gleich**gültig**
Gras	+	GRÜN	=	gras**grün**
rot	+	KRAUT	=	Rot**kraut**
lese(n)	+	BUCH	=	Lese**buch**
Feuer	+	ALARM	=	Feuer**alarm**
Blitz	+	SCHNELL	=	blitz**schnell**
Stock	+	DUNKEL	=	stock**dunkel**
Auto	+	BAHN	=	Auto**bahn**
unter	+	ARM	=	Unter**arm**
druck(en)	+	SCHRIFT	=	Druck**schrift**

*	der letzte Bestandteil ist ein Eigenschaftswort	→	Kleinschreibung
**	der letzte Bestandteil ist ein Zeitwort	→	Kleinschreibung
***	der letzte Bestandteil ist ein Namenwort	→	Großschreibung

TEST 35

Sehr geehrter Herr Stadtrat!

Wahrscheinlich kennen SIE* die Parkanlage zwischen Sportplatz und dem Mühlbach. Haben SIE* auch schon bemerkt, dass diese Grünanlage kein Mensch benutzt und dass SIE (= Grünanlage) für die Gemeinde nur Kosten verursacht.
Wir wollen nun an SIE* einen Wunsch vieler Eltern herantragen.
Da der Sportplatz nur den Vereinsmitgliedern zur Verfügung steht, wissen SIE (= Eltern) nicht, wo sich ihre Kinder in frischer Luft bewegen können.
Daher wenden wir uns mit der Bitte an SIE*, ob SIE* uns nicht unterstützen könnten, den Park in eine Freizeitanlage für Kinder umzugestalten.
Wenn unsere Kinder keinen Platz für das Spielen im Freien haben, bleibt ihnen nichts anderes übrig, als auf der Straße zu spielen.
Bitte nehmen SIE* sich der Sache an.
Auch die Chefin unserer örtlichen Baufirma hat bereits ihre Hilfe zugesagt. Mit einer Spende wird SIE (= Chefin) das Vorhaben unterstützen.
Wir hoffen, dass SIE* die Kolleginnen und Kollegen im Gemeinderat von unserer Idee überzeugen können.
Wir bitten SIE* um einen Terminvorschlag für ein erstes Gespräch.

* Dieses SIE richtet sich direkt an den Stadtrat, daher muss es großgeschrieben werden → **S**ie!

TEST 36

Hinweis: Wegen der Verwendung von verschiedenen Wörterbüchern können keine Seitenangaben vorgegeben werden.

TEST 37

Hinweis: Wegen der Verwendung von verschiedenen Wörterbüchern können keine Seitenangaben vorgegeben werden.

vergiss!	vergessen	lies!	lesen
brich!	brechen	hilf!	helfen
gib!	geben	miss!	messen
nimm!	nehmen	sprich!	sprechen

iss!	essen	wirf!	werfen
sammle!	sammeln	ändere!	ändern

TEST 38

Hinweis: Wegen der Verwendung von verschiedenen Wörterbüchern können keine Seitenangaben vorgegeben werden.
Bei manchen Wörtern gibt es zwei Mehrzahlformen. Als richtige Lösung gilt, wenn du eine von diesen Formen gewählt hast.

Pizza	Pizzas / Pizzen	Autobus	Autobusse
Gymnasium	Gymnasien	Kaktus	Kaktusse / Kakteen
Patin	Patinnen	Thema	Themen
Zeugnis	Zeugnisse	Tempo	Tempos / Tempi
Atlas	Atlasse / Atlanten	Rhythmus	Rhythmen
Lexikon	Lexika	Zirkus	Zirkusse

TEST 39

Im letzten Sommer verbrachten meine Eltern, Onkel Richard, meine
K u / ou sine (auch möglich: Cousine) Steffi und ich zwei schöne Wochen in B ei / ai / ay / aj ern.
Mein Vater spielte immer v / V ormittags eine Runde Golf.
Eines Tages begleitete ihn Onkel Richard zum C / K lub und wollte
ein p a / aa r Abschläge probieren.
Mein Papa verriet ihm noch einige Tri k / ck / x s, doch Onkel Richard
pr a / ah lte: „Ich war Eishock ey / ye spieler und bin doch kein Amat ö / eu r."
Paralle l / ll zum Golfplatz gab es einen Übungsplatz, auf dem Onkel
Richard seine Sch / Sh ow abziehen wollte.
Wirklich, Onkel Richard traf den Ball haargenau. Der Ball zischte ab
und flog in Richtung Rest o / au rant.
Wir alle waren total ents e / ä tzt. Wo wird der Ball landen?
Da krachte er schon auf einen J i / ee / ie p und schlug eine große
D / T elle in das Dach.
„Gott sei D / d ank hat der Ball keinen Menschen getroffen", meinte Vater.

TEST 40

Hinweis: Hier gibt es keine Lösungen. Du musst deine Schreibungen mit der Vorlage im Testbuch vergleichen.

TEST 41

Hinweis: Hier gibt es keine Lösungen. Du musst deine Schreibungen mit der Vorlage im Testbuch vergleichen.

TEST 42

Anmerkung: Die Fehlerstellen sind hier richtiggestellt und erscheinen fett.

Fische haben weiche**n** Körper,
die von har**r**ten Schuppen
geschü**t**zt werden.
Diese Schuppen sind Teil
der Hau**p**t und können
versch**ie**den sein: klein, spitz,
groß, rund. Ringe in den
Schuppen ver**r**aten das Alter.
Fische haben Kiemen, mit den**en**
sie Sauerstoff aus dem Wasser
au**fn**ehmen. Da die Kiemen nu**r** im
Wasser funktioni**e**ren, können
Fische auf dem Land nich**t** leben
und erst**i**cken.
Fische haben auf jede**r** Seite des
Kopfes ein Ohr. Diese sind aber
nicht zu seh**e**n. Wenn Fische
Geräusche hören, bringen sie sich
auf dem Grund in **S**icherheit.

TEST 43

Ka**nn**e	spa**nn**end	ka**n**tig
Sto**pp**el	Ka**pp**e	Ka**p**sel
Kra**f**t	ho**ff**en	Zi**ff**er
sa**mm**eln	So**mm**er	He**m**d
su**rr**en	hu**r**tig	kna**rr**en
Ta**ss**e	Ta**s**te	Me**ss**er
Fa**l**ter	Te**ll**er	We**l**t
We**tt**er	gla**tt**	Mu**tt**er
Su**pp**e	Ri**pp**e	Gi**p**s
Spi**nn**e	wi**n**seln	Gewi**nn**

TEST 44

tro**tz**ig	Schmer**z**	pla**tz**ieren
Lan**z**e	schnäu**z**en	Kreu**z**
se**tz**en	pu**tz**en	Wal**z**e
gan**z**	Wei**z**en	hi**tz**ig
verle**tz**en	Schnau**z**e	stür**z**en

Ja**ck**e	Pran**k**e	tro**ck**en
hei**k**el	schme**ck**en	Kal**k**
schre**ck**en	er erschra**k**	pa**ck**en
hä**k**eln	De**ck**e	me**ck**ern
We**ck**er	mer**k**en	quie**k**en

TEST 45

1. Entscheidung:

Bla**s**en auf der Ferse	ein rie**s**iges Glück
eine bla**ss**e Hautfarbe	Ri**ss**e in der Mauer
eine seltene Tierra**ss**e	eine gra**s**ende Kuh
giftige Ga**s**e einatmen	etwas ausbe**ss**ern
einen Gru**s**elfilm sehen	die Holzma**s**erung

2. Entscheidung:

Wa**ss**er	Ma**s**t
Mu**s**kel	Schlü**ss**el
Schlo**ss**	ko**s**ten
We**s**pe	verge**ss**en
fa**ss**en	We**s**te
Intere**ss**e	Qua**s**te
flü**ss**ig	lä**s**tig

TEST 46

1. Entscheidung:

freundlich grü**ß**en	ein Dü**s**enjäger
eine hei**s**ere Stimme	etwas anprei**s**en
wei**ß**e Weihnachten	hei**ß**en Tee trinken
ein Papier zerrei**ß**en	ins Ausland verrei**s**en

2. Entscheidung:

das Ma**ß**	→	die Ma**ß**e
die Lau**s**	→	die Läu**s**e
der Prei**s**	→	die Prei**s**e
das Gra**s**	→	die Grä**s**er
das Ga**s**	→	die Ga**s**e
der Gru**ß**	→	die Grü**ß**e

TEST 47

Hotel	Ho – tel	rauschen	rau – schen
rächen	rä – chen	kaufen	kau – fen
Klavier	Kla – vier	Paket	Pa – ket
Papier	Pa – pier	Zucker	Zu – cker
Masche	Ma – sche	fleißig	flei – ßig
Drohung	Dro – hung	lachen	la – chen
Lanze	Lan – ze	rutschen	rut – schen
Wasser	Was – ser	schmatzen	schmat – zen
hüpfen	hüp – fen	rechnen	rech – nen
Koffer	Kof – fer	Päckchen	Päck – chen
Künstler	Künst – ler	Karpfen	Karp – fen
emsig	em – sig	Ängste	Ängs – te

TEST 48

schm**a**l	J**ah**r	N**ah**rung	Sch**a**f
B**ah**n	Sch**a**le	f**ah**ren	F**ah**ne
F**eh**ler	F**e**der	Verk**eh**r	**eh**rlich
b**e**ten	f**eh**len	n**eh**men	h**e**ben
S**o**fa	sch**o**nen	bel**oh**nen	N**o**te
M**o**de	K**oh**le	W**oh**nung	**oh**ne
Schn**u**r	F**uh**rwerk	Sp**u**r	**Uh**rmacher
Ber**u**f	Brath**uh**n	**U**rlaub	m**u**tig

TEST 49

etwas repar**ie**ren	die Masch**i**ne
eine Law**i**ne	ein Eilbr**ie**f
ins K**i**no gehen	zum Besp**ie**l
das Pap**ie**r	er g**i**bt
die Lokomot**i**ve	der T**i**ger
v**ie**lleicht kommen	etwas r**ie**chen
der Sp**ie**gel	am D**ie**nstag
r**ie**sengroß	ein sch**ie**fer Turm
ein K**i**lo Brot	das Eisen b**ie**gen
in Fr**ie**den leben	das L**ie**derbuch
spaz**ie**ren gehen	n**ie**manden kennen
die Tür schl**ie**ßen	Sch**i** fahren

TEST 50

B**ah**nhof	Ehep**aa**r	Fests**aa**l
Seidensch**a**l	H**aa**rtracht	Ausw**ah**l
qu**a**lvoll	Z**ah**narzt	Küchenw**aa**ge
f**eh**lerfrei	T**ee**löffel	z**eh**nfach
F**e**derschachtel	L**eh**rling	Blumenb**ee**t
Himb**ee**re	Glücksf**ee**	M**eh**rheit
bel**oh**nen	Braunk**oh**le	B**oo**tshaus
Z**oo**handlung	Enkels**oh**n	M**o**dehaus
H**o**nigbrot	W**oh**nhaus	M**oo**spolster

TEST 51

1. Aufgabe

einen M**ai**baum aufstellen	am Feldr**ai**n sitzen
eine R**ei**fenpanne haben	das R**ei**sfeld abernten

eine H**ai**fischflosse	im Schülerh**ei**m wohnen
eine S**ai**sonkarte kaufen	den K**ai**serpalast fotografieren

2. Aufgabe

die Saite	Teil einer Gitarre, Geige ...
die Seite	Teil eines Buches, Heftes ...
die Weise	eine Melodie, kluge Frau ...
die Waise	ein elternloses Kind
der Leib	menschlicher Körper
der Laib	rund geformte Masse
der Laich	Eier von Fischen, Fröschen ...
die Leiche	verstorbener Mensch

TEST 52

wa**chs**en	→	Wa**chs**tum	→	Gewä**chs**
Mi**x**er		Mi**x**getränk		mi**x**en
we**chs**eln		Verwe**chs**lung		We**chs**elgeld
Fü**chs**e		Fu**chs**schwanz		Schlaufu**chs**
Bo**x**er		Bo**x**kampf		bo**x**en
Kle**cks**		kle**cks**en		Tintenkle**cks**
Ta**x**i		Seeta**x**i		Ta**x**ifahrer
Ke**ks**		Ke**ks**dose		Weihnachtske**ks**e

Chor	→	Kirchen**ch**or	→	**Ch**orleiter
Camping		**c**ampen		**C**ampingplatz
Computer		Bord**c**omputer		**C**omputerspiel

TEST 53

bli**ck**en	→	Ausbli**ck**	→	Bli**ck**kontakt
Sa**kk**o		Sa**kk**otasche		Sportsa**kk**o
jo**gg**en		Jo**gg**ingschuhe		Jo**gg**inghose

Ski**zz**e	→	ski**zz**ieren	→	Planski**zz**e
wi**tz**ig		Wi**tz**figur		wi**tz**los
Pi**zz**a		Pi**zz**eria		Pi**zz**ateig
tro**tz**en		Tro**tz**kopf		tro**tz**ig

Pa**dd**el	→	Pa**dd**elboot	→	pa**dd**eln
a**dd**ieren		A**dd**ition		a**dd**iert
ru**bb**eln		Ru**bb**ellos		geru**bb**elt

TEST 54

S In dieser Sprache überlegt man die Wortwahl und den Satzbau genau.
M Für diese Sprache braucht man einen Partner oder eine Partnerin.
M In dieser Sprache kann man keine Rechtschreibfehler machen.
S Die Form dieser Sprache ist sichtbar.
S Man erlernt diese Form der Sprache meist in der Schule.
M Die Form dieser Sprache ist hörbar.
M Diese Form der Sprache lernt man natürlich, also ohne Schule.
S In dieser Sprache kann man Informationen lange aufbewahren.
M Diese Sprache hat einen Rhythmus und eine Melodie.
M In dieser Sprache formuliert man spontan, also ohne lange zu überlegen.
S In dieser Sprache erzählt man in der Mitvergangenheit = im Präteritum.
M In dieser Sprache gibt es keine Satzzeichen.
S Für diese Sprache braucht man ein Medium (Papier, Computer ...).
M Diese Form der Sprache beherrschen bereits Kleinkinder.

TEST 55

1. Aufgabe

▶ zua Nochbarin umi	zur Nachbarin hinüber
▶ aufn Dochbodn aufi	auf den Dachboden hinauf
▶ in Kella abi	in den Keller hinunter
▶ in Gartn außi	in den Garten hinaus
▶ in d Kuchl eini	in die Küche hinein
▶ zum Altoa firi	zum Altar vor

2. Aufgabe

S In dieser Sprachform spricht man im Rundfunk, im Fernsehen, in Schulen ...
S In dieser Sprachform spricht man Wörter meist so aus, wie man sie schreibt.
R In dieser Sprachform spricht man meist zu Hause und unter Freunden.
R Diese Sprachform wird nicht in ganz Österreich oder Deutschland verstanden.
R Diese Sprachform wird auch Mundart oder Umgangssprache genannt.
S In dieser Sprachform sollst du deine Texte schreiben.

TEST 56

Der Partner versteht sein Gegenüber nicht, weil

▶ er den Dialekt nicht kennt.	4
▶ weil er nicht Deutsch spricht.	1
▶ weil das mathematische Wissen fehlt.	5
▶ weil er die Pointe des Witzes nicht verstanden hat.	3
▶ weil er die lateinische Bezeichnung einer Krankheit nicht kennt.*	2

* Erythema solaris = Sonnenbrand

TEST 57

1. Aufgabe

Hinweis: Der Wortstamm ist grau unterlegt.

un ver schließ bar	ge fähr lich	un be zahl bar
Vor stell ung	ver spiel t	folg sam
Vor schrift	ent fall en	wind ig
aus ge höhl t	aus leer en	ver mehr en
grund sätz lich	neu gier ig	ver läss lich

2. Aufgabe

	r	f
1. Wörter mit demselben Wortstamm bilden eine Tierfamilie.	❍	✗
2. Wörter mit denselben Vorsilben bilden eine Wortfamilie.	❍	✗
3. Wörter mit denselben Wortstämmen bilden eine Wortfamilie.	✗	❍
4. Die Schreibung des Wortstammes bleibt in einer Wortfamilie gleich.	✗	❍
5. Vorsilben werden immer gleich geschrieben.	✗	❍
6. Wenn du an den Wortstamm denkst, vermeidest du Rechtschreibfehler.	✗	❍

TEST 58

1. Aufgabe

schwimmen	+	Reifen	=	der Schwimmreifen
Sonne	+	Schein	=	der Sonnenschein
Volk	+	Lied	=	das Volkslied
weit	+	Sprung	=	der Weitsprung
wandern	+	Karte	=	die Wanderkarte
tief	+	Schnee	=	der Tiefschnee
Kind	+	Garten	=	der Kindergarten
Hund	+	Leine	=	die Hundeleine

2. Aufgabe

	r	f
1. Das zweite Wort legt die Grundbedeutung der Zusammensetzung fest.	✗	❍
2. Der Artikel der Zusammensetzung richtet sich nach dem ersten Wort.	❍	✗
3. Das erste Wort bestimmt das zweite Wort näher.	✗	❍
4. Ist das zweite Wort ein NW, schreibt man die Zusammensetzung groß.	✗	❍
5. Der Artikel der Zusammensetzung richtet sich nach dem zweiten Wort.	✗	❍
6. Mit Zusammensetzungen kann man Dinge genauer bezeichnen.	✗	❍

TEST 59

1. Aufgabe

das neue Haus **be**ziehen
in die Fremde **fort/weg**ziehen
sich am Morgen **an**ziehen
sich am Abend **aus**ziehen
die Vorhänge **zu**ziehen

einen Rechtskundigen **bei**ziehen
das Fahren dem Gehen **vor**ziehen
das unfolgsame Kind **er**ziehen
in die neue Wohnung **ein**ziehen
die Pendeluhr **auf**ziehen

2. Aufgabe

eine einjähr**ig**e Pflanze
eine heim**isch**e Obstsorte
in Wels wohn**haft** sein
zeit**ig** in der Früh aufstehen

die jähr**lich**e Geburtstagsfeier
ein heim**lich**es Treffen
ein wohn**lich**es Klassenzimmer
ein zeit**los**es Kleid tragen

TEST 60

1. Aufgabe

ein unbekanntes Märchen	erzählen
vor Wut	brüllen
jemandem etwas ins Ohr	flüstern
ein Gedicht	aufsagen
bei Kuchen und Kaffee	plaudern
über das schlechte Wetter	klagen
auf eine Frage	antworten
vor Aufregung	stottern
sich über den Film	unterhalten
über den Unfall	berichten

2. Aufgabe

	r	f
1. Wörter mit ähnlicher Bedeutung bilden eine Wortfamilie.	❍	✗
2. Wörter mit ähnlicher Bedeutung bilden ein Wortfeld.	✗	❍
3. Wörter mit dem gleichen Wortstamm bilden eine Wortfamilie.	✗	❍
4. Die Zeitwörter aus Aufgabe 1 stammen aus dem Wortfeld „sehen".	❍	✗
5. Die Verwendung von verschiedenen Wörtern aus einem Wortfeld führt zur Vermeidung von Wiederholungen in einem Text.	✗	❍
6. Wörter eines Wortfeldes kannst du in Texten beliebig austauschen.	❍	✗

TEST 61

1. Aufgabe

GITMAR - MARGIT
LIXFE - FELIX
NATI - TINA
TAHER - HERTA
GORGRE - GREGOR

MARDIET - DIETMAR
TERGÜN - GÜNTER
GAHEL - HELGA
VERXA - XAVER
RAVE - VERA

2. Aufgabe

KIRSCHE - SCHEKIR
BIRNE - NEBIR

APFEL - FELAP
KIWI - WIKI

WEICHSEL	–	SELWEICH	BOHNEN	–	NENBOH
RÜBEN	–	BENRÜ	KÜRBIS	–	BISKÜR
SPINAT	–	NATSPI	SALAT	–	LATSA

TEST 62

1. Aufgabe

Der beste Controller für schnelle Spiele!
Nur ein Modem verschafft die Verbindung zur Welt!
Erweitern Sie Ihre Hardware!
Die neueste Software ist eingetroffen!
Unsere Scanner bringen Bilder in den Text!
Noch schneller mit dem neuen Chip!
Schluss mit den Disketten!
Kommen Sie in unseren neuen Computershop!

2. Aufgabe

	r	f
1. Diese Fremdwörter stammen aus dem Englischen.	✗	❍
2. Diese Fremdwörter spricht man so aus, wie man sie schreibt.	❍	✗
3. Mit Software bezeichnet man Filme, Computerprogramm usw.	✗	❍
4. Hardware bedeutet wörtlich „harte Ware“.	✗	❍
5. Disk bedeutet Scheibe und steckt in *Diskette*.	✗	❍
6. Es gibt überhaupt nur Fremdwörter aus dem Englischen.	❍	✗

TEST 63

1. Aufgabe

E	the cat	T	kanguru	E	the cow
F	le chat	D	das Känguru	F	la vache
T	kedi	F	le kangourou	D	die Kuh
D	die Katze	E	the kangoroo	T	inek

2. Aufgabe

T In dieser Sprache hat das Namenwort keinen Artikel.
D In dieser Sprache wird das Namenwort großgeschrieben.
E In dieser Sprache bleibt der Artikel immer gleich.
F In dieser Sprache gibt es zwei verschiedene Artikel.
D In dieser Sprache gibt es drei verschiedene Artikel.

TEST 64

1. Aufgabe

	NW	ZW	EW	FW
1. ICH BIN ZU EINEM FEST EINGELADEN.	✗	❍	❍	❍
2. KOMMST DU AUCH ZUR FEIER?	❍	❍	❍	✗
3. WANN BEGINNT DAS FEST? ❍	✗	❍	❍	
4. ICH BRINGE EIN NETTES GESCHENK MIT.	❍	❍	✗	❍
5. ICH HABE ES SCHÖN VERPACKT.	❍	❍	❍	✗
6. DA WIRD FELIX AUGEN MACHEN.	✗	❍	❍	❍
7. ER WIRD SICH SICHER FREUEN.	❍	✗	❍	❍
8. ES IST DAS NEUESTE COMPUTERSPIEL.	❍	❍	✗	❍

2. Aufgabe

NW Vor dieses Wort kannst du die Artikel *der, die, das* setzen.
ZW Dieses Wort kannst du mit *ich, du, er* ... verbinden.
EW Von diesem Wort kannst du Vergleichsformen bilden.
NW Dieses Wort wird großgeschrieben.
ZW Dieses Wort drückt die Zeit (Vergangenes, Gegenwärtiges, Zukünftiges) aus.
EW Dieses Wort steht oft zwischen dem Artikel und dem Namenwort.

TEST 65

1. Aufgabe

das Bild	→	der Bildschirm	→	der Bildschirmschoner
das Eis	→	die Eishöhle	→	der Eishöhlenforscher
das Wasser	→	die Wasserleitung	→	der Wasserleitungsschaden
das Auto	→	die Autobahn	→	die Autobahnmaut
die Hand	→	das Handtuch	→	der Handtuchtrockner
das/der Blei	→	der Bleistift	→	der Bleistiftspitzer
das Feuer	→	die Feuerwehr	→	das Feuerwehrhaus

2. Aufgabe

	r	f
1. Alle Namenwörter, die Sachen/Dinge bezeichnen, haben den Artikel *das*.	❍	✗
2. Bei zusammengesetzten Namenwörtern bestimmt das letzte Wort den Artikel.	✗	❍
3. Der Artikel entscheidet über das grammatische Geschlecht des Namenwortes.	✗	❍
4. Bei zusammengesetzten Namenwörtern bestimmt das erste Wort den Artikel.	❍	✗
5. Der Artikel *die* steht für das weibliche Geschlecht eines Namenwortes.	✗	❍
6. Der Artikel *das* steht für das männliche Geschlecht eines Namenwortes.	❍	✗

TEST 66

1. Aufgabe

die Uhr	=	die Uhren	der Kopf	=	die Köpfe
der Löffel	=	die Löffel	das Foto	=	die Fotos
der Turm	=	die Türme	der Wurm	=	die Würmer
das Buch	=	die Bücher	die Maus	=	die Mäuse
der Mantel	=	die Mäntel	der Bruder	=	die Brüder
der Fisch	=	die Fische	die Farbe	=	die Farben
der Ball	=	die Bälle	die Gabel	=	die Gabeln
das Gras	=	die Gräser	das Rind	=	die Rinder

2. Aufgabe

	r	f
1. Die MZ kann im Deutschen auf unterschiedliche Weise gebildet werden.	✗	❍
2. Menschen mit deutscher Muttersprache erwerben die meisten Mehrzahlformen beinahe automatisch.	✗	❍
3. Menschen mit anderen Muttersprachen haben mit den unterschiedlichen Mehrzahlformen Probleme.	✗	❍
4. Im Englischen ist die Mehrzahlbildung ähnlich kompliziert wie im Deutschen.	❍	✗
5. Aus einem a, o, u in der Einzahl wird oft ein ä, ö, ü in der Mehrzahl.	✗	❍
6. Nur weibliche Namenwörter auf -el nehmen in der Mehrzahl ein n an.	✗	❍

TEST 67

1. Aufgabe

	1. Fall	2. Fall	3. Fall	4. Fall
Der Onkel will die Zeitung lesen.	✗	❍	❍	❍
Er findet aber die Brille nicht.	❍	❍	❍	✗
Die Tante borgt dem Onkel ihre Brille.	❍	❍	✗	❍
Die Brille des Onkels ist aber stärker	❍	✗	❍	❍
als die Brille der Tante.	❍	✗	❍	❍
Das Enkelkind findet die Brille des Onkels.	❍	❍	❍	✗
Der Onkel dankt dem Enkelkind und	❍	❍	✗	❍
gibt der Tante die Brille zurück.	❍	❍	✗	❍
Jetzt kann der Onkel die Zeitung lesen.	❍	❍	❍	✗
Alle loben das Enkelkind.	❍	❍	❍	✗

2. Aufgabe

	r	f
1. Im Deutschen gibt es fünf Fälle.	❍	✗
2. Beim männlichen Namenwort ändert sich in allen vier Fällen der Artikel.	✗	❍
3. Beim weiblichen Namenwort ist der Artikel im 2. und 3. Fall gleich.	✗	❍
4. Beim sächlichen Namenwort ist der Artikel im 1. und 4. Fall gleich.	✗	❍
5. Mit WEM? frägt man nach dem 4. Fall.	❍	✗
6. Mit WESSEN? frägt man nach dem 2. Fall.	✗	❍

TEST 68

1. Aufgabe

	1.P	2.P	3.P	EZ	MZ
Sie schreibt gerne Tiergeschichten.	❍	❍	✗	✗	❍
Ich schreibe lieber Bildgeschichten.	✗	❍	❍	✗	❍
Schreibst du auch gerne?	❍	✗	❍	✗	❍
Wir kennen viele Bücher.	✗	❍	❍	❍	✗
Kennt ihr Harry Potter?	❍	✗	❍	❍	✗
Millionen Menschen kennen Harry Potter.	❍	❍	✗	❍	✗
Das Buch fesselt vor allem jüngere Leser.	❍	❍	✗	✗	❍

2. Aufgabe

	r	f
1. In einer Personalform wird an den Wortstamm eine Endung angehängt.	✗	❍
2. Die Endungen sind in allen Personen gleich.	❍	✗
3. Die 1. Person ist die „sprechende Person".	✗	❍
4. In der 1. Person Einzahl wird an den Wortstamm ein e angehängt.	✗	❍
5. In der 3. Person Einzahl wird an den Wortstamm ein t angehängt.	✗	❍
6. Im Englischen wird nur in der 3. Person Einzahl ein s angehängt.	✗	❍

TEST 69

1. Aufgabe

ich turne	ich turnte	ich habe geturnt
sie singt	sie sang	sie hat gesungen
wir gehen	wir gingen	wir sind gegangen
sie reden	sie redeten	sie haben geredet
ich sitze	ich saß	ich bin gesessen
wir lesen	wir lasen	wir haben gelesen

2. Aufgabe

	r	f
1. Mit der Mitvergangenheit und Vergangenheit erzählt man Vergangenes.	✗	❍
2. Die Vergangenheit besteht aus zwei Teilen.	✗	❍
3. Beim Zeitwort „turnen" ändert sich in der Mitvergangenheit der Wortstamm.	❍	✗
4. Beim Zeitwort „lesen" ändert sich in der Mitvergangenheit der Wortstamm.	✗	❍
5. In der Vergangenheit erzählt man meistens Erlebtes unter Freunden.	✗	❍
6. In der Mitvergangenheit erzählt man Erlebtes in schriftlicher Form.	✗	❍

TEST 70

1. Aufgabe

schwer	schwerer	am schwersten
hell	heller	am hellsten
lustig	lustiger	am lustigsten
nett	netter	am nettesten

2. Aufgabe

Der Kater
Er ist kleiner **als** ein Elefant, aber größer **als** eine Maus.

Sein Fell ist weich **wie** Samt, aber seine Krallen sind spitz **wie** Nadeln.
Er hört schlechter **als** ein Hund, sieht aber besser **als** er.
Er schnurrt **wie** eine Katze, schmeichelt **wie** eine Katze,
ist aber keine Katze.

TEST 71

1. Aufgabe

	A	F	B
1. Spinnen sind nützliche Tiere (**.**)	✗	○	○
2. Wer behauptet das (**?**)	○	✗	○
3. Schau doch im Internet nach (**!**)	○	○	✗
4. Sei doch endlich einmal zufrieden (**!**)	○	○	✗
5. Soll ich die Tafel löschen (**?**)	○	✗	○
6. Ich gebe dir das Buch morgen zurück (**.**)	✗	○	○
7. Wann beginnen heuer die Ferien (**?**)	○	✗	○
8. Vergiss den Einkaufszettel nicht (**!**)	○	○	✗
9. Geht ihr gerne ins Kino (**?**)	○	✗	○
10. Ringelnattern sind nicht giftig (**.**)	✗	○	○

2. Aufgabe

	r	f
1. Ein Befehlssatz wird auch Aufforderungssatz genannt.	✗	○
2. Ein Fragesatz wird mit einem Punkt abgeschlossen.	○	✗
3. Ein Befehlssatz beginnt meist mit dem Zeitwort.	✗	○
4. Die Satzarten erkennt man auch an der Sprachmelodie.	✗	○
5. Ein Fragesatz wird immer mit einem Fragewort eingeleitet.	○	✗

TEST 72

1. Aufgabe

1. In der Vorwoche ging die Klasse in den Zirkus.
2. Die Tänzerin balancierte über ein Seil.
3. Ein Clown machte lustige Späße.
4. Von der Zirkusspitze sprang ein Akrobat in ein volles Fass.
5. Das Publikum erstarrte vor Schreck.
6. Im Zirkuszelt herrschte Totenstille.
7. Eine Musikkapelle spielte im Anschluss einen flotten Marsch.
8. In der Pause redeten die Leute über die tollen Kunststücke.
9. Nach der Pause kamen die Löwen in die Arena.
10. Alle bewunderten den Mut der Dompteurin.

2. Aufgabe

	r	f
1. Jedes einzelne Wort ist ein Satzglied.	○	✗
2. Satzglieder können aus einem Wort oder aus mehreren Wörtern bestehen.	✗	○
3. Satzglieder kann man innerhalb des Satzes umstellen.	✗	○
4. Ein Satz kann aus verschieden vielen Satzgliedern bestehen.	✗	○
5. Nach jedem Satzglied setzt man einen Beistrich.	○	✗
6. Ein Satzglied – die Satzaussage – steht immer an 2. Stelle.	✗	○

TEST 73

1. Aufgabe

Hinweis: Das Subjekt ist hier grau unterlegt.

1. Für den Schulschluss plant **die vierte Klasse** ein Schulfest.
2. Unter anderem wird **ein Theaterstück** aufgeführt.
3. In diesem Stück sollen **alle Kinder der 4 a** eine Rolle erhalten.
4. **Einige Freiwillige** übernehmen die Herstellung der Kulissen.
5. Für die Kostüme und Requisiten sorgen **die Eltern**.

6. Peter und Pia übernehmen die Hauptrollen.
7. Die beiden haben wirklich ein Talent für die Bühne.
8. An Nachmittagen studiert die Lehrerin mit den Kindern das Stück ein.
9. Rechtzeitig werden Eltern und Verwandte zum Fest eingeladen.
10. Die Einladungen hat Stefan Berger entworfen.

2. Aufgabe

	r	f
1. Der Satzgegenstand ist ein wichtiges Satzglied.	✗	❍
2. Der Satzgegenstand wird auch Subjekt genannt.	✗	❍
3. Der Satzgegenstand sagt aus, wo etwas geschieht.	❍	✗
4. Der Satzgegenstand besteht immer aus einem Namenwort.	❍	✗
5. Nach dem Satzgegenstand fragt man mit „Wer? oder Was?".	✗	❍
6. Der Satzgegenstand steht immer am Anfang des Satzes.	❍	✗

TEST 74

1. Aufgabe

Hinweis: Das Prädikat ist hier grau unterlegt.

1. Beim Schulfest bereitet die Klasse 4 b ein internationales Essen zu.
2. Alle Kinder der Klasse machen mit.
3. Eine Gruppe um Carlo möchte Pizza backen.
4. Carlo kennt das beste Pizza-Rezept.
5. Einige Mädchen wollen Spaghetti kochen.
6. Azim wird Döner grillen.
7. Er isst am liebsten scharf gewürzte Speisen.
8. Alexis kennt Tsatsiki aus dem Urlaub in Griechenland.
9. Ihre Mutter gibt ihr das Rezept.
10. Wer wird das alles essen?

2. Aufgabe

	r	f
1. Die Satzaussage sagt aus, welche Tätigkeit ausgeführt wird.	✗	❍
2. Mit der Frage „Was tut jemand?" findest du die Satzaussage.	✗	❍
3. Die Satzaussage wird auch Präteritum genannt.	❍	✗
4. Die Satzaussage (bei mehrteiligen der 1. Teil) ist in einem Aussagesatz immer das 2. Satzglied.	✗	❍
5. Die Satzaussage ist das wichtigste Satzglied.	✗	❍

TEST 75

1. Wer sind die Leser unseres Aushanges?
   ❍ nur Kinder ❍ nur ältere Leute ✗ alle Leute

2. Wie groß soll der Aushang sein?
   ✗ 30 cm x 21 cm ❍ 150 cm x 100 cm (zu groß) ❍ 15 cm x 10 cm (zu klein)

3. Wie gestalten wir den Aushang?
   ❍ nur Text ✗ Bild (Foto) und Text ❍ Bild mit Handy-Nummer

4. Womit wird geschrieben?
   ❍ Computerschrift ✗ Kinderhandschrift (mehr Anteilnahme zu erwarten) ❍ Erwachsenenhandschrift

5. Wie schreiben wir?
   ❍ über den Kater erzählen ❍ nur über den Kater informieren ✗ über den Kater informieren und an Leser appellieren zu helfen

6. Welche Informationen soll der Aushang enthalten?

... oder ...

✗ dass er auf den Namen „Murr" hört
❍ dass er keine Mäuse fängt
❍ dass er ein Geschenk von Onkel Erich ist
✗ dass er sich gerne im Park herumtreibt
✗ dass er sich nicht angreifen lässt
❍ dass wir zu dritt in einem Haus wohnen

❍ dass er schon drei Jahre bei uns lebt
✗ dass er ein rotes Halsband trägt
✗ dass er ein grau getigertes Fell hat
❍ dass er bei mir im Zimmer schläft
❍ dass er im Vorjahr krank war
✗ dass man uns unter ... anrufen kann

TEST 76

1. Richtig überlegen
   ❍ Ich gehe sofort mit dem Zettel in unseren Supermarkt.
   ❍ Ich gehe ohne Zettel in den Supermarkt.
   ✗ Ich ordne die vielen Dinge und schreibe einen Einkaufszettel.

2. Wie soll ich die Produkte ordnen?
   ❍ Ich ordne die Waren nach dem Alphabet.
   ✗ Ich ordne die Dinge nach den Abteilungen des Supermarktes.
   ❍ Ich ordne die Dinge, die für mich, meine Mutter, für uns alle sind.

3. Welche Abteilungen im Supermarkt muss ich aufsuchen?
   ✗ Obst und Gemüse
   ✗ Milchprodukte
   ✗ Brot und Gebäck
   ❍ Getränke
   ✗ Papier- und Bürowaren
   ❍ Süßigkeiten
   ✗ Kosmetik
   ❍ Fleisch und Wurst
   ✗ Zeitschriften

4. Ich notiere für jede Abteilung die Waren.
   1 Tube Uhu
   2 linierte Hefte
   Tintenpatronen

TEST 77

1. Was wähle ich aus?
   ❍ Ich erzähle den ganzen Verlauf des Wandertages.
   ✗ Ich erzähle das Verirren und die Rettung.
   ❍ Ich erzähle über den anstrengenden Fußmarsch.

2. Wie baue ich die Spannung auf?
   ❍ 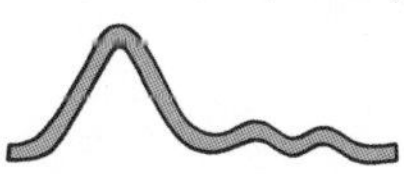
   ❍ 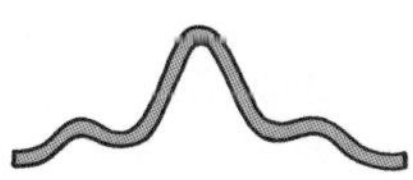
   ✗ 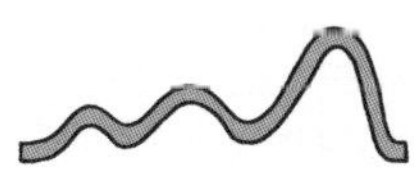

3. Was schreibe ich in der Einleitung?
   ✗ Wann fand der Wandertag statt?
   ❍ Wer fehlte?
   ✗ Wohin gingen wir?

4. Wie führe ich zum Höhepunkt hin?
   ❍ Ich erzähle alles sehr genau.
   ✗ Ich erzähle nur das, was für das Verstehen des Höhepunktes nötig ist.
   ❍ Ich komme gleich zum Höhepunkt.

5. Wie schreibe ich im Höhepunkt?
   ✗ Ich schreibe genau, um die Spannung hinauszuzögern.
   ❍ Ich berichte sachlich.
   ✗ Ich lasse Personen direkt sprechen.

6. In welcher Zeit erzähle ich?
   ✗ Mitvergangenheit
   ❍ Gegenwart
   ❍ Vergangenheit

TEST 78

1. Wie reden wir den Empfänger des Briefes an?

✗ Sehr geehrte Damen und Herren! ❍ Hallo Naturfreunde! ❍ Liebe Leute!

2. Was soll in dem Brief stehen?

✗ das Anliegen ❍ Klassenschülerzahl ✗ Begründung des Anliegens

❍ Ziel des nächsten Wandertages ✗ Bitte um Unterstützung ❍ Berufswünsche der Kinder

3. Wie können wir unser Anliegen begründen?

✗ weil wir Pflanzen beim Wachsen beobachten können ✗ weil wir Arbeiten im Garten kennenlernen können ❍ weil die Medien positiv berichten werden

❍ weil mehr Grün wieder modern (in) ist ✗ weil die Liebe zur Natur geweckt wird ✗ weil wir die Früchte zu einer gesunden Jause verwenden können

4. Mit welcher Schlussformel können wir den Brief beenden?

❍ Herzliche Grüße und Küsse! ✗ Hochachtungsvoll ❍ Auf Wiedersehen!

✗ Mit freundlichen Grüßen ❍ Nehmt euch zusammen! ❍ Tschüss!

TEST 79

1. Welches Material braucht man dazu?

❍ geschickte Hände ✗ Papier: 20 cm x 20 cm ❍ Geduld

2. Welche Arbeitsschritte kommen der Reihe nach?

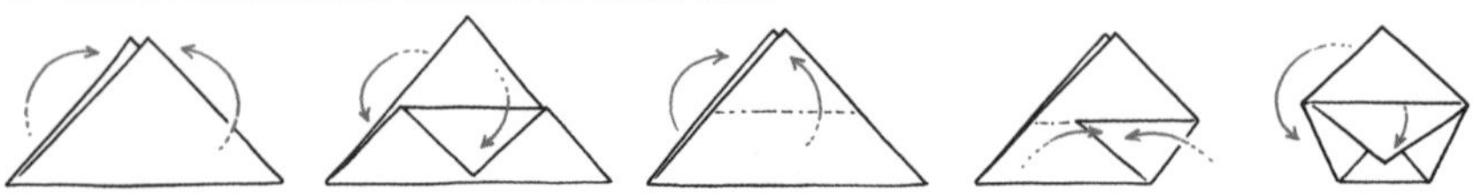

1 2 3 4 5

2 jede obere Ecke nach unten zur Buglinie falten
3 Ecken wieder nach oben klappen und an der Faltlinie links und rechts einen Punkt einzeichnen
1 das Blatt Ecke auf Ecke falten, sodass ein Dreieck entsteht
5 die Ecken nach vorne und hinten umschlagen, sodass ein Becher entsteht
4 linke und rechte Ecke zu den Punkten hin falten

3. Wie vermeide ich das wiederholende „Dann ... Dann ... „?

N Nun ... B Zuerst ... N Dann ...
E Zum Schluss ... N Danach ... E Zuletzt ...

TEST 80

1. Aufgabe

Der Blumenstrauß hinter dem Rücken weist darauf hin, dass der Mann
❍ ein Blumenliebhaber ist. ✗ die Frau überraschen will.

Der Mann mit der Schere hinter der Hausecke zeigt an, dass er
✗ heimlich etwas abschneiden möchte. ❍ eine neue Schere gekauft hat.

Das Gesicht des Mannes und die Sprechblase weisen darauf hin, dass er
❍ an etwas Nettes denkt. ✗ etwas Böses vorhat.

2. Aufgabe

Z Abschneiden der Blumen V Treffpunkt vereinbaren N gekränkte Dame
V Kauf der Blumen Z anschleichen N Bösewicht verschwindet

3. Aufgabe

Der Bösewicht wollte
❍ einen lustigen Streich spielen. ✗ jemandem etwas zu Fleiß tun.

TEST 81

Vera	❍ sagte ✗ drohte ❍ seufzte	: „Fass die Farbstifte ja nicht an!“
Luki	❍ murrte ❍ forderte ✗ schrie	: „Mami, Mami!
Mama	✗ befahl ❍ sagte ❍ flüsterte	: „Vera, bitte teil die Stifte mit deinem Bruder!“
Vera	❍ meinte ✗ murrte ❍ erwiderte	: „Luki, ich könnte dir eine kleben!“
Luki	❍ fragte ❍ stöhnte ✗ forderte	: „Gib mir drei Buntstifte!“
Vera	✗ zischte ❍ jammerte ❍ stotterte	: „Hier hast du drei ... und verschwinde!“
Vera	❍ berichtete ✗ fragte ❍ stöhnte	: „Mami, genügen drei Buntstifte?“
Mama	❍ schimpfte ✗ lobte	: „Gut, es ist schön, wenn ihr teilt.“

TEST 82

1. eine	✗ brandneue ❍ fabriksneue	Nachricht erfahren
2. einen	✗ knielangen ❍ kinnlangen	Faltenrock tragen
3. einen	❍ turmhohen ✗ haushohen	Sieg erringen
4. eine	❍ federleichte ✗ babyleichte	Übung ausführen
5. einen	❍ pechschwarzen ✗ rabenschwarzen	Tag erleben
6. einen	❍ tonnenschweren ✗ zentnerschweren	Sack tragen
7. in ein	✗ eiskaltes ❍ bitterkaltes	Wasser fallen

8. eine	❍ zuckersüße ✗ picksüße	Mehlspeise essen
9. eine	✗ steinharte ❍ beinharte	Nuss knacken
10. am Tor	❍ messerscharf ✗ haarscharf	vorbeifahren

TEST 83

	Beifall Zustimmung Lob Freude	Schmerz Enttäuschung Ärger	Drohung Einschüchterung
1. Hurra!	✗	❍	❍
2. Hau ab!	❍	❍	✗
3. Um Gottes willen!	❍	✗	❍
4. Spitze!	✗	❍	❍
5. Verschwinde!	❍	❍	✗
6. Auweh!	❍	✗	❍
7. Wie schön!	✗	❍	❍
8. O je!	❍	✗	❍
9. Na warte!	❍	❍	✗
10. Schade!	❍	✗	❍
11. Toll!	✗	❍	❍
12. Verflixt!	❍	✗	❍
13. Gott sei Dank!	✗	❍	❍
14. Mist!	❍	✗	❍
15. Jetzt reicht´s!	❍	❍	✗
16. Wunderbar!	✗	❍	❍
17. Ganz lieb!	✗	❍	❍
18. Autsch!	❍	✗	❍

TEST 84

1. Ich drehte mich um und sah einen Fremden dicht hinter mir.	4 Ich strahlte über das ganze Gesicht.
2. Carla hatte mir einen Streich gespielt.	5 Ich war erleichtert.
3. Spätabends läutete es an der Haustür.	2 Ich dachte: „Das zahle ich ihr zurück!"
4. In meinem Zeugnis standen lauter Einser.	10 Ich dachte: „Endlich Schluss!"
5. Ich hob die Brille auf und sah, dass sie noch ganz war.	7 Ich dachte: „Hoffentlich ist sie nicht kaputt!"
6. Schon wieder hatte ich das Milchgeld vergessen.	1 Mir lief die Gänsehaut über den Rücken.
7. Meine Armbanduhr fiel auf den Fliesenboden.	6 Ich ärgerte mich über meine Vergesslichkeit.
8. Ich hatte meine Jause vergessen. Alex teilte sein Jausenbrot mit mir.	3 Ich dachte: „Wer kommt so spät zu uns?"
9. Der Lehrer teilte die Schularbeitenhefte aus.	9 Ich war total aufgeregt.
10. Nach zwei Stunden war ich mit meinen Aufgaben fertig.	8 Ich dachte: „Das ist aber nett von ihm!"

TEST 85

Hinweis: Zur besseren Verdeutlichung steht jeder Satz in einer neuen Zeile.

1. Peter fotografiert die Kuh.
   Laura reitet auf Donald.
   Über die Wiese laufen Enten.
   Zum Abendessen ruft die Mutter.

2. Der Tag ist schön.
   Im Wasser spielen meine Freunde.
   Am Abend scheint die Sonne nicht mehr.
   Alle sind sehr müde und steigen in den Bus.

3. Der kleine Max liest gerne.
   Das Buch vom Grüffelo gefällt ihm.
   Besonders die Idee der Maus begeistert.
   Max liebt auch die Illustrationen.

   Auch möglich, aber nicht so gut:
   Das Buch vom Grüffelo gefällt ihm besonders.
   Die Idee der Maus begeistert.

4. Meine Mutter bereitet das Abendessen.
   Zu Gast ist heute mein Onkel.
   Tobias wird auch kurz vorbeikommen.
   Um alle zu überraschen, kocht Mama etwas ganz Besonderes.

TEST 86

1. Meine Tante ist klein und etwas mollig.
2. Am liebsten trägt sie weite Blusen und Hosen.
3. Ihre brünetten Haare sind kinnlang und glatt.
4. Meine Tante wandert in ihrer Freizeit gerne.
5. Sie kann sehr lustig sein und über alles lachen.
6. Im ganzen Gesicht hat sie Sommersprossen wie Pippi Langstrumpf.
7. Seit dem Vorjahr spielt meine Tante auch Tennis.
8. Sie redet gern und schnell.
9. Am liebsten verspeist sie Steaks vom Rind.
10. Zu Hause trägt sie fast immer einen Jogging-Anzug.
11. Zum Frühstück verzehrt sie täglich weiche Eier und Schinken.

1\. Absatz: Aussehen

Satz: 1 3 6

2\. Absatz: Wesen

Satz: 5 8

3\. Absatz: Kleidung

Satz: 2 10

4\. Absatz: Lieblingsspeisen

Satz: 9 11

5\. Absatz: Hobbys, Freizeit

Satz: 4 7

TEST 87

Hinweis: Die Fehlerstellen sind hier richtiggestellt und im Fettdruck zu sehen.

Sehr früh am Morgen ma**r**schierten wir los. Wir wollten n**ä**mlich nicht bei Hitze wandern. Alle hatten feste Schuhe und lo**ck**ere Kleidung an. Gegen Mittag e**rr**eichten wir den Gipfel. Wir setzten uns beim Gipfelkreuz nieder und **p**ackten die Brote und Getr**ä**nke aus. Nach etwa einer Stunde gingen wir w**ie**der zurück. „Sei**d** vorsichtig beim Bergabgehen!", mahnte unsere Lehrerin. Aber einige sprangen tro**tz**dem los. Nach wenigen Minuten war das **U**nglück auch schon geschehen. Michi trat auf einen losen Stein und knickte mit dem Fu**ß** um. Er schr**ie** vor Schmerz und konnte nicht mehr aufstehen. Stefan tauchte ein Tuch in den k**üh**len Bach und legte es auf den verletz**t**en Fuß. Zum **G**lück waren wir nahe bei der Bergstation der Seilbahn. Zwei Kinder stützten Michi und scha**ff**ten ihn zur Bahn. Zu Hause stellte der Ar**z**t fest, da**ss** Michi einen Bänderriss hatte. Er bekam einen Gi**p**s. Michi **ä**rgerte sich, weil er einige Zeit im Bett liegen musste.

TEST 88

Hinweis: Die Fehlerstellen sind hier richtiggestellt und im Fettdruck zu sehen.

Ich schwamm durch glasklare**s** Wasser. Als ich nach unten schaute, **sah** ich einen dichten Dschungel. Ich tauchte näher heran und erkannte~~n~~ Wasserpflanzen mit dicke**n** Stängel**n**. Ich schwamm~~e~~ in den Wald hinein. Als ich auftauchen wollte, wurde ich festgehalten. Ein~~e~~ Blatt hatte sich wie eine Fessel um mein Bein gewickelt. Die Pflanze~~n~~ **hielt** mich fest. Plötzlich kam ein Hai mit scharfe**n** Zähne**n** auf mich zugeschwommen. Mir blieb fast **das** Herz stehen. Ich zitterte a**m** ganzen Körper. Der Raubfisch **kam** immer näher ~~kam~~. Ich zerrte und **riss** verzweifelt an dem Blatt. Da schnappte **das** Ungeheuer zu. Ich **stieß** einen lauten Schrei aus … und erwachte aus meine**m** bösen Traum. Mein Mutter stand neben **mir** und wischte mir den Schweiß von **der** Stirn.

TEST 89

1. Textstelle:
Am Abend kamen wir nach langer Fahrt im Hotel an. In diesem Hotel hausten nur vornehme Gäste.
❍ wohnten ❍ campierten ✗ nächtigten

2. Textstelle:
Mit letzter Kraft kämpfte ich mich durchs Ziel. Und dann brach ich zusammen.
✗ Erschöpft ❍ Schließlich ❍ Im Anschluss

3. Textstelle:
Weil ich so viel trainiert hatte, gelangen mir beim letzten Spiel außerirdisch schöne Tore.
❍ bezaubernd ✗ außergewöhnlich ❍ überraschend

4. Textstelle:
Ich hatte schon in der großen Pause Bauchschmerzen. Als ich von der Schule heimkam, musste ich speiben.
✗ mich übergeben oder ✗ erbrechen ❍ kotzen

HELMUT KLOPFER الدكتور هلموت كلوبفر

MODERNES ARABISCH

العربى الحديث

Grundstufe

ملحق

BEIHEFT

Diktat 1.9

انت نبيل ـ أنت الاب ـ انا ابن الاب ـ انا ابن نبيل ـ انت بنت ـ انت بنت ثابت ـ ثابت الاب ـ انت البنت ـ انا الابن ـ الاب نبيل .

Mikro-Übung 1.11

Bilden Sie Sätze nach dem Beispiel:

الابل : الابل بنى .
التبن : . . . .
التتن :
الاثل :
البلبل :
البيت :
البن :
التين :

الباب : الباب ثابت .
البيت : . . . .
الاثل :
اللبان :
البن :
النبات :
الابن :
الاب :

الاثل : الاثل نبات .
التين : . . . .
التبن :
التتن :
البن :

النبات : النبات لين .
التتن : . . . .
التبن :
البلبل :
التين :

Diktat 1.15

اين التبن ـ التبن بالبيت ـ اين البيت ـ البيت بلبنان ـ بيت اللبان بليبيا ـ ثابت بلبنان ـ البنت ببيت نبيل ـ نبيل ابن ثابت ـ ليلى بنت ثابت ـ البلبل بنى .

Test 1.18

نا

بنت	X
بيت	
نتن	
نتن	

نت

تبن	
لين	
ابن	X
ثابت	X

لاثل

لبن	
بنى	
نتن	
نبات	

لبـاب

نتن	
لين	
ثابت	X
بيت	

ين البنت ؟

بالنيل	
بالباب	
بالبيت	
بالنبات	X

ين الابل ؟

بليبيا	X
باليابان	
بلبنان	X
بالنيل	

ثابت

ابـل	
اثـل	
ابـس	X
اين	

ليلى

بـن	
بنت	X
بيت	
تين	

التبن

نتن	X
لين	X
بنى	
ثابت	

البن

نبات	
تين	
ابل	
بنى	X

اين الباب ؟

بليبيا	
بالبيت	X
باللبن	
بالاثل	

اين البيت ؟

بالنيل	X
باليابان	
بالتين	
بالابل	

Mikro-Übung 2.8

Bilden Sie Sätze nach dem Beispiel:

الاخ : الاخ بالبستان .
البلبل : . . . .
ليلى :
الابل :
الاثل :
بنت نبيل :
البيت :
الحشيش :

الاب : الاب بالبيت .
الرجل : . . . .
اللبن :
الانسان :
بنت ثابت :
التاجر :
السرير :
الجرس :

التاجر : التاجر بليبيا .
الجبل : . . . .
البن :
الاثل :
التتن :
الاخت :
الزيت :
الاجنبى :

ثابت : ثابت بخيل .
نبيل : . . . .
الاب :
الخال :
التاجر :
الترزى :
الرجل :
الانسان :

Diktat 2.9

الرجل خباز ـ الخال تاجر ـ الخبز ساخن ـ اين بنت نبيل ـ بنت نبيل بالبيت ـ اين الناس ـ السبب سر ـ الشراب ساخن ـ الريح حار ـ أنا جزار .

Mikro-Übung 2.12

Bilden Sie Sätze nach dem Beispiel:

الانسان : الانسان بالسرير بالليل .	التاجر : التاجر بالبيت بالليل .
نبيل :	الجزار : . . . .
الخال :	الخباز :
الاب :	اللبان :
الاخ :	الاجنبى :
الاخت :	الانسان :
الناس :	الناس :
الرجل :	البس :

البس : البس بالبستان بالليل .	الريح : الريح ساخن بالليل .
البلبل :	البيت : . . . .
الابل :	الخبز :
السرير :	الشراب :
الحبيب :	البستان :
الانسان :	السرير :
الناس :	الحشيش :
ثابت :	التبن :

Diktat 2.14

السرير بالبيت ـ الجبل باليابان ـ الرجل بخيـل ـ التاجـر اجنبى ـ الحشيش بالبستان ـ الزيت بليبيـا ـ الخبز سـاخن ـ الجبـل بنى ـ الريح حـار ـ التتن بالجيب .

Test 2.15

الاخ

جبل	
جزار	X
رجل	X
خبز	

الخبز

زين	X
لين	
بنى	
ساخن	

الزبل

نتن	X
شراب	
بلبل	
بنى	

الجزار

سر	
خباز	
بالبيت	X
رجل	X

الخال

ابن	X
حبل	
ناس	
جزار	X

الشراب

نبات	
سبب	
زين	X
ساخن	X

الريح

لين	
زين	
حار	X
سر	

انـا

حبل	
ناس	
بنت	
رجل	

الابل

بالبيت	
بالنيل	
بالتبن	
بالجبل	

اللبن

شراب	
ساخن	
زبل	
سبب	

السبب

حبل	
رجل	
ثابت	
سر	X

الحبل

ثابت	
لين	
بالبيت	
نبات	

Mikro-Übung **3.7**

Ergänzen Sie:

الانسان : الانسان تعبان .
انت : . . . .
الطالب :
الاستاذ :
الرجل :
انـا :
على :
ابن نبيل :

الرجل : الرجل صحيح .
انـا : . . . .
انت :
الطبيب
الضابط
الاستاذ :
التاجر :
الاجنبى :

الدرس : الدرس طيب .
الظل : . . . .
الصباح :
الضابط
الجرس :
السرير :
البس :
الريح :

الاب : الاب كبير .
الاستاذ : . . . .
الطبيب :
الطالب :
الضابط :
الترزى :
اللبان :
الخال :

الدرس : الدرس خير .
الظل : . . . .
الطين .
الصباح :
السبب .
الحب :
الزيت :
الاثل :

البيت : البيت جديد .
السرير : . . . .
الباب :
الحبل :
الجرس :
الاستاذ
الطالب :
انت :

Diktat **3.10**

الجرس بالباب ـ الضابط عند الجزار ـ بيت نبيل بعيد ـ البصل أبيض ـ
الاستاذ عند الطبيب الكبير ـ البط بالنيل ـ الجيش الجديد بخير ـ
سر الجندى صعب ـ الحشيش بالبستان ـ بيض التاجر طيب .

Tonbandübung **3.12.1**:

Übersetzen Sie:

Der alte Lügner — Das neue Haus — Die große Tür — Der junge Student — Der treffliche Schatten — Der gute Lehm — Der schöne Saft — Der gute Onkel — Der heiße Wind — Das warme Brot — Das große Geheimnis — Die schönen Tamarisken — Der große Nil — Das stabile Haus — Der kleine Bruder — Der neue Offizier — Das warme Stroh — Der schwere Unterricht — Der kranke Mann — Der gute Morgen — Der treffliche Arzt — Der anwesende Schüler.

Mikro-Übung **3.15**

Bilden Sie Sätze nach dem Beispiel:

البريد : البريد بعيد .

البلد :

بيت حبيب :

البستان :

الجيش :

الجبل

الطبيب :

الرجل : الرجل ضابط بالجيش .

على حسن :

الخال :

الطبيب :

الاب :

الاخ الكبير :

الطالب :

الاجنبى :

الحبل : الحبل عند التاجر .
البصل :
البيض
البطاطس :
الشراب :
الخبز :
الزيت :
اللبن :

نبيل : نبيل بالبريد .
الاستاذ حسن :
الطبيب الجديد :
الجندى التعبان :
التاجر البخيل :
ثابت الحبيب :
الترزى الطيب :
الناس :

الاستاذ الكبير : الاستاذ الكبير تعبان
الضابط الكبير :
الجندى البسيط :
الطالب الجيد :
الطبيب الصحيح :
الرجل الكاذب
على الصغير
الجزار الطيب

الابل : الابل بالبلد :
البط :
البطاطس :
البيض :
الجيش :
البستان :
الحشيش :
التتن :

Mikro-Übung **3.18**

حسن : حسن بالجيش العربى .
الضابط :
الجندى :
الطبيب :
التاجر :
ابن نبيل :
الطالب :
الجزار :

الرجل : الرجل ببيت الطبيب .
الطالب :
الضابط :
البس الصغير :
الجزار العربى :
الجرس :
اخت نبيل :
حبيب على :

البلد : البلد بارد بالصباح .

البيت :

الطين :

الحشيش :

البستان :

السرير :

الجبل :

الريح :

التتن : التتن بجيب الاستاذ .

السيجار :

الجرس :

البن :

الخبز

التين :

البصل :

الدرس : الدرس طيب .

الرجل :

البطاطس :

البيض :

الطين :

الحشيش :

الصحيح :

البط :

الابل : الابل بالبلد العربي .

الزيت :

الاثل

البلبل :

الريح الحار :

الجبل البني :

التتن الطيب :

الخبز الساخن :

Diktat 3.19

Vocc.

صباح الخير يا علي ـ اين بيت ليلى ؟ البيت عند البريد الصغير ـ ابن الخباز جندي بالجيش ـ الضابط عند الطبيب ـ البطاطس عند التاجر ـ الاستاذ حاضر بالدرس ـ الطالب بظل الاثل ـ نبيل خباز لبناني ـ البصل العربي طيب .

14. I.

Test 3.21

الطين

زين	
حار	
خير	
ابيض	

الطالب

صحيح	
صعب	
بعيد	
جيد	

البريد

بعيد	
زين	
خير	
ثابت	

البط

جديد	
صفير	
صحيح	
خير	

الجندى

طيب	
جيد	
زين	
حاضر	

الطبيب

كبير	
طالب	
كاذب	
ذات	

صباح

الجيد	
الطبيب	
الزين	
الخير	

السر

صعب	
بعيد	
صحيح	
بسيط	

البطاطس

ابيض	
بنى	
كاذب	
ساخن	

الحبش

جديد	
على	
طيب	
حاضر	

الرحل

جندى	
طبيب	
استاذ	
ضابط	

البيض

ابيض	
صفير	
تعبان	
بعيد	

28.I.

Übung

Diktat 4.9

بيت الضابط قديم ـ حوش الفندق جديد ـ روما مدينة زينة ـ ضيف نبيل فى الاوتيل ـ الفأرة الصغيرة فى البيت ـ سؤال الاستاذ مهم ـ الاستاذة الغنية عند الطبيبة ـ البئر فى المدينة القديمة ـ الطالب والطالبة بالدرس ـ البيضة شىء مهم .

Mikro-Übung 4.11

البئر : البئر فى المدينة القديمة .
الفندق :
الجزارة :
البريد :
الطبيبة :
الحوش :
الفقير :
الفأر :

اين الفندق : اين الفندق من فضلك يا استاذ ؟
اين البريد :
اين البئر :
اين الحوش :
اين الدرس :
اين البستان :
اين الترزى :
اين الجبل :

الحشيش : الحشيش شىء مهم .
البطاطس :
الرأس :
الاوتيل الجديد :
الزيت :
السرير :
السبب :
السؤال الجديد .

هنا البيت : هنا البيت من فضلك يا مدام .
هنا البئر :
هنا الاوتيل :
هنا الظل :
هنا الجزارة :
هنا البصل :
هنا البطاطس :
هنا البستان :

ليلى : ليلى الاستاذة الجديدة .
اخت نبيل :
الاجنبية :
خالة على :
بنت ثابت :
اللبنانية :
مدام نبيلة :

البنت التعبانة : البنت التعبانة عند الطبيب .
الطالبة التعبانة :
الاستاذة التعبانة :
الاجنبية التعبانة :
المدام التعبانة :
نبيلة التعبانة :
ليلى التعبانة :

Tonbandübung **4.12**: *Übersetzen Sie!*

Ein guter Schüler — eine wichtige Frage — ein heißer Wind — ein reicher Kaufmann — die kleine Maus — ein reiches Haus — eine schöne Tamariske — der wichtige Teil — das gute Gasthaus — das große Hotel — der junge Student — der wichtige Offizier — ein müder Lehrer — eine gute Lehrerin — ein trefflicher Morgen — ein kalter Wind — ein guter Brunnen.

In der Stadt — im Haus — im Brunnen — im Schlamm — im Unterricht — im Hof — im Schatten — im Abfall — im Brot — in der Tür — im Hotel — im Gasthaus — zu (im) Hause.

Beim Bäcker — beim Lehrer — beim Hotel — beim Metzger — beim Lügner — beim Gast — beim Offizier — bei der Lehrerin — beim Onkel.

Diktat **4.13**

البئر باردة بالليل ـ الاجنبية الغنية فى الفندق الجديد ـ الطالبة الجيدة عند الاستاذة ـ اخت نبيل حاضرة بالدرس الصعب ـ السؤال الجديد شىء بسيط ـ الفأرة الصغيرة هنا زينة ـ الضيف الكبير حاضر بالاوتيل ـ نبيلة عند ليلى الحبيبة ـ البريد القديم هناك بعيد ـ الجيش العربى حاضربالبلد .

Mikro-Übung **4.16**

بيت : هذا البيت نظيف :
فندق :
اوتيل :
خبز :
رجل :
طالب :

جو : الجو حلو اليوم .
ريح :
صباح :
شاى :
لبن :
درس :

استاذة : هذه الاستاذة جميلة .
آنسة :
بنت :
فأرة :
سيدة :
بئر :
مدينة :
طالبة :

قهوة : القهوة وسخة اليوم .
بئر :
بطة :
مدينة :
جزارة :
خبازة :
ريح :
رجل :

لبن : اللبن النظيف طيب .
فندق :
بيت :
زيت :
شاى :
بيض :
خبز :
شراب :

جيش : الجيش حاضر الآن .
ضابط :
سيد :
اجنبى :
قهوة : القهوة حاضرة الآن .
الآنسة :
السيدة :
الاستاذة :

Diktat 4.18

بسم الله ـ هذا الزبل القديم شىء وسخ وتتن ـ وهذه القهوة البنية مـرة ـ الآنسة نبيلة حاضرة الآن ـ البنت عليـة حلوة وجميلة ـ هـذا البس الكبير وسخ ـ الله فوق الناس ـ هـذا الحشيش تحت الاثل طيب ـ كيف الحـال ؟ الحال بخير ـ وكيف الجو ؟ الجو جميل اليوم .

Test **4.19**

لفأر فی

السرير	
الحشيش	
الحوش	
البريد	

لجندی

بالجيش	
بالظل	
بالصباح	
بالجبل	

لضيف فی

البئر	
الجيب	
الجيش	
الفندق	

البصل عند

الرجل	
الخال	
التاجر	
الترزی	

الجيش فی

الحوش	
السؤال	
المدينة	
الشیء	

الحشيش فی

البيت	
الاوتيل	
البستان	
الحوش	

الاستاذ فی

الفندق	
البطاطس	
الحب	
الدرس	

الاوتيل فی

الذات	
الطين	
الظل	
المدينة	

الجبل

بالمدينة	
بالفأرة	
بالبلد	
بالصباح	

الطالب عند

الطبيب	
الكاذب	
الجرس	
الانسان	

ليلى عند

الراس	
انجلترا	
الحبيب	
الاستاذة	

بيروت فی

المدينة	
لبنان	
انجلترا	
ليبيا	

ثابت فی

الخال	
الاخ	
ليبيا	
اللبان	

البس فی

البئر	
الفضل	
السؤال	
الحوش	

Diktat 5.6

الطالب هنا فى الدرس ـ كيف الحال يا على ؟ الحمد لله ، انا بخير ـ وكيف الحال يا استاذ ؟ ـ ماذا فى جيب الرجل ؟ بيض للخباز ـ الكلب فى البستان مع الحمار ـ الدرس جيد للطالب والطالبة ـ الاسد حيوان وحش ، والقط حيوان أليف ـ القهوة للسيدة الجميلة ـ يا ولد ، الشاى للآنسة الحلوة ـ قطة ليلى وكلب على عند الخال فى الريف .

Mikro-Übung 5.9

اسد : للاسد فرو لين .	شاى : هذا الشاى للآنسة
بس :	شئ :
قطة :	قط :
حمار :	كلب :
فأرة :	بيض
ابل	بطاطس :
كلب :	بصل :
	زيت :

استاذ : للاستاذ خبر جيد .	قهوة : هذه القهوة طيبة
ولد :	بيضة :
سيد :	مدينة :
سيدة :	بنت :
آنسة :	فقيرة :
ضيف :	طالبة :
طالبة :	ذات :
ضابط :	فأرة :

Diktat 5.11

البئر فى الصحراء خير ـ الاثل الطيب فى بستان الضابط البخيل ـ انت بنت صغيرة للخباز ـ الجزارة الاجنبية فى البيت البعيد من المدينة ـ للاسد فرو جميل أين ـ الظل بالبستان الكبير طيب ـ اللبن للقطة الصغيرة الحلوة ـ بنت الجندى خبازة بالجيش الالمانى ـ نبيل الابن الكبيرللزبال ـ الاملاء بسيط اليوم .

Diktat 5.16

مصر جمهورية ـ الضيف الكبير من الهند ـ هذا الاستاذ عراقى ـ هذه السيدة جزائرية ـ الضابط فى المملكة العربية السعودية ـ خال ليلى طبيب فى المانيا ـ هل بنت ثابت طبيبة فى المغرب ؟ ـ التاجر مع الاستاذ عند القاضى ـ فى ليبيا قاض مصرى ـ الجزار التونسى غال ونظيف .

Test 5.18

الجو

حلوة	
قديم	
فقير	
جميل	

القهوة

بنى	
لين	
نظيف	
مرة	

الشاى

زينة	
باردة	
جديد	
حار	

البئر

مهم	
مرة	
ساخن	
جديد	

الكلب

اليف	
كبيرة	
زينة	
جميل	

البنت

صغير	
خير	
تعبانة	
استاذة	

الترزى

نتن	
كبير	X
كبيرة	
لينة	

الزبل

نظيف	
كاذب	
نتن	X
وسخة	

الآنسة

حلو	
زين	
وحشة	
جميلة	X

المدينة

نظيف	
كبير	
صغيرة	X
وسخ	

البس

لين	
بخيلة	
بسيط	
ابيض	X

الخبر

طيبة	
وحشة	
غلط	
مهمة	

الحال

طيب	
صغير	
المانى	
باردة	

البلد

حلوة	
حاضر	
بعيد	
جديدة	

الدرس

تعبان	
نتن	
مهم	
مهمة	

السرير

ثابتة	
حلوة	
لين	
جيد	X

Mikro-Übung **6.6**

مصر : مصر جمهورية كبيرة

سوريا :

العراق :

السودان:

اليمن :

التاجر : التاجر رجل غنى فى المدينة

القاضى :

خال ليلى :

سيد على :

السعودى :

السعودية : السعودية مملكة غنية
الكويت :
الاردن :
المغرب :
اسبانيا :
سويد :
نورفيج :
دانمارك :

جو : الجو هنا جميل
شاى :
بلد :
بستان :
صحراء :
كلب :
بلبل :
قط :

Diktat **6.7**

ليلى مع محمد عند الاستاذ المغربى ـ هذا السيد حاضر بالمدينة الآن ـ وبيته عند بيت قاض غنى ـ الجو جميل ولكن الريح باردة ـ صباح الخير يا دكتور ، كيف الحال ؟ ـ شكرا ، الحال بخير والحمد لله ـ الدرس صعب ، لكن ليلى جيدة بالدرس ـ هنا اخت الاستاذ مع الشاى ـ من فضلك ، يا آنسة ليلى ، الشاى ـ شكرا يا استاذ ، ولكن هذا الشاى غال ـ هذا صحيح ، لكن الشاى الغالى نظيف وطيب .

Test **6.8**

هذا

البئر	
البنت	
البيت	
الانسان	

صحيح

هذا

الحال	
التاجر	
السيدة	
الحمار	

غنى

هذا

البلبل	
الحمار	
الولد	
الفارة	

اليف

هذه

اليوم	
الصباح	
الليلة	
الفرو	

ساخنة

هذه

الاسم	
الجو	
الريف	
الكلبة	

طيبة

هذا

البريد	
الاجنبى	
الحيوان	
الحمد	

بعيد

هذه

البن	
الطالبة	
الراس	
الشىء	

جيدة

هذا

الجزء	
الجو	
المدينة	
الحوش	

مهم

هذا

الكاذب	
اللبان	
الطبيبة	
الاستاذة	

ثابت

هذه

الآن	
القهوة	
الآنسة	
الريح	

مرة

هذه

البئر	
الجيش	
الاستاذة	
السيد	

تعبانة

هذه

الذات	
الجرس	
الحيوان	
القط	

خيرة

هذا

الاسد	
الرجل	
البستان	
الجيب	

بخيل

هذه

الرجل	
الخبز	
التتن	
السرير	

كبيرة

Diktat 7.6

نحن طلاب فى المدرسة ـ اين البصل ؟ هو فى الاسواق ـ ما هى القطة ؟ هى حيوان صغير اليف ـ الكتب الجديدة عند الاستاذ ـ أمحمد وعلى ونبيل فى البيت ؟ لا هم فى السوق عند العم احمد ـ ليلى وعلية وذكرى بنات خال نبيلة ، وهن بنات جميلات ـ اين العم ثابت ؟ هو عند الاقرباء ـ كيف الحال يا ناس ؟ الحمد لله نحن بخير .

Mikro-Übung 7.7

من هذا السيد ؟

ابط : هو الضابط الجديد .

ض

ئيس

جنبى

يف

بيب

الب

ما هذا الحيوان ؟

كلب : هو كلب حلو

قط

بلبل

بس

ابل

فأر

من هذه السيدة ؟

بيبة : هى الطبيبة الطيبة

البة

اضية

ستاذة

بنة

خالة

جنبية

ئيسة

لمن هذا البيت ؟

دكتور : هو للدكتور الغنى

سيد

خال

استاذ

ضابط

سعودى

تاجر

كويتى

ما هذا الشيء ؟

حبل : هو حبل بسيط

جرس

جيب

سرير

فندق

شراب

شاى

خبز

لمن هذه القطة ؟

طالبة : هى للطالبة العربية

خالة

سيدة

آنسة

استاذة

دكتورة

بنت

ترزية

Mikro-Übung 7.12

من هؤلاء السادة ؟

تجار : هم التجار الجدد

اجانب

اطباء

ضباط

قضاة

اساتذة

خبازون

جزارون

طلاب

ضيوف

ما هذه الحيوانات ؟

كلاب : هى كلاب اليفة

قطط

حمير

بساس

اسد

فأرات

قطات

ابلات

من هؤلاء السيدات ؟

خالات : هن الخالات المجتهدات

عمات :

بنات

اخوات

امهات

استاذات

طالبات

طبيبات

قاضيات

ما هذه الاشياء ؟

اقلام : هى اقلام كثيرة

شنط

مصابيح

خزانات

كراسات

كراسى

طاولات

سراير

اجراس

Lückendiktat 7.16

القضاة الكبار فى المدن الكبيرة . الطلاب الجيدون والطالبات الجيدات فى المدرسة . هل الاستاذ بالمدرس يا آنسة ؟ لا ليس الاستاذ فى الدرس . ولا طالب فى الدرس ، ولكن البنات الصغيرات فى الدرس . ليست هذه الكلاب عند البئار الغنية فى الصحراء ، وهى الآن عند الناس فى الاسواق . ما هذه يا سيد على ؟ هذه كتب جديدة للمدارس البعيدة . نحن عند هذه الذكريات الطيبة للقدماء الخيار . ليس الرجال الطيبون عند البيوت الصغيرة فى الجبال . اين الاطباء الكبار ؟ هم فى البلد العربى .

Test 7.17

الضباط

مجتهد	
طيبة	
حضر	
خيار	

المخازن

جدد	
حبيب	
عظماء	
نظيفة	X

الصديقة

اليفة	
بخيلات	
صحيحة	X
عربى	

الشمس

صفار	
بعيدة	
قديم	
صعبة	

الحمير

اليفة	
وحش	
بخلاء	
كاذبون	

العموم

تجار	
جندى	
ضابط	
كبيرة	

الفتيات

مسلمون	
انسان	
المانيات	

المدارس

قديم	
جدد	
حبيبة	
مهمة	X

القطارات

قدماء	
نظيفة	
اجانب	
جيد	

الناس

قبيح	
عظيمة	
قليل	
كثيرون	

الحيوان

وحش	
الائف	
وسخون	
غالية	

الاقلام

جديد	
جميلات	
بسيطة	
مرة	

الخال

عرب	
بعد	
بخيل	
بعيدة	

اللوح

بارد	
غنية	
ابيض	

Mikro-Übung 7.20

الكتاب الجديد : الكتب الجديدة	البيت العظيم : البيوت العظيمة
الخبز الجديد	الحوش العظيم
القلم الجديد	الدرس العظيم
الكرسى الجديد	الجزء العظيم
السر الجديد	الشىء العظيم
الفندق الجديد	الاسم العظيم
السؤال الجديد	اليوم العظيم
الاسم الجديد	السر العظيم
اليوم الجديد	الباب العظيم
المصباح الجديد	الاوتيل العظيم
القمر الجديد	الكتاب العظيم
المخزن الجديد	الخبر العظيم
القطار الجديد	القطار العظيم
البيت الجديد	السؤال العظيم
الباب الجديد	البستان العظيم
الجبل الجديد	الجبل العظيم

البئر القديمة : البئار القديمة	الذكرى البسيطة : الذكريات البسيطة
الحال القديمة	الغرفة البسيطة
الذكرى القديمة	الكراسة البسيطة
الغرفة القديمة	الريح البسيطة
الخزانة القديمة	الخزانة البسيطة
المحطة القديمة	المحطة البسيطة
السيارة القديمة	السيارة البسيطة
الطاولة القديمة	الطاولة البسيطة
الجمهورية القديمة	اللوحة البسيطة
الشمس القديمة	القطة البسيطة
الشنطة القديمة	الشنطة البسيطة

Test 7.22

يوجد

كلاب	
قطة	
خبز	
مخازن	

فى السوق

لا توجد

جنود	
اولاد	
آنسات	
بنات	

فى الجيش

هل توجد

ابل	
اجانب	
ترزية	
استاذ	

فى المدينة ؟

هل توجد

قطار	
قطارات	
معلمون	
ظل	

فى المحطة ؟

يوجد

كراسة	
اقلام	
ورق	
كتب	

على الطاولة

لا يوجد

شنطة	
بس	
جدار	
مصباح	

فى الخزانة

توجد

سوق	
رجال	
بستان	
اولاد	

أمام المدرسة

لا توجد

اخ	
سيارة	
حمار	
بيت	

للاستاذ

هل يوجد

بئر	
جدران	
اثل	
ورقة	

فى الحوش ؟

توجد

الشمس	
الله	
السقف	
القمر	

فوق الناس

توجد

القمر	
مصابيح	
قطار	
جوحار	

بالليل

لا يوجد

قلم	
كراسة	
لوحة	
أشياء	

فى الشنطة

توجد

جدار	
جزار	
تين	
بساتين	

عند البيت

يوجد

أستاذة	
استاذات	
طلبة	
طالبة	

فى المدرسة

Tonbandübung **7.23**: Bilden Sie den Singular!

مدن كبيرة ـ كيفيات وسخـة ـ رجـال كبار ـ بيـوت كبيرة ـ سادة كبار ـ العرب ـ المان ـ العراقيون ـ دروس مهمة ـ فقـراء قباح ـ عمـوم طيبون ـ الاخوة ـ الخبازون الغالبون ـ كتب المانية ـ الباذ عـربية ـ أبواب كبيرة ـ أسواق نظيفة ـ ضباط كبار ـ عمـوم طيبـون ـ كاذبات صغيرات ـ البنات العربيات ـ ذكريات خيرة ـ اسئلة صحيحة ـ رياح حارة ـ الرجال الثابتون ـ دروس صعبة ـ

Tonbandübung **7.25**: Ergänzen Sie!

انا رجل طيب (بنت طيبة)	نحن . . .
انت . . .	انتم . . .
انت . . .	انتن . . .
هـو . . .	هم . . .
هى . . .	هن . . .

Lückendikat **7.27**

١ — توجد طاولات كبيرة فى مدارس المدينة .

٢ — الرجال فى الريف فقراء ولكن البيوت لهؤلاء الناس نظيفة .

٣ — للغرفة جدران وشبابيك وارضية وسقف .

٤ — الاستاذ حسن هو معلم الاولاد الصغار بالمدرسة .

٥ — توجد سيارة رئيس الجمهورية امـام الاوتيل « هيلتون » وهى سيارة عظيمة جديدة .

٦ — للسيد عثمان احمد عثمان مخـازن كثيرة بالمدينة وهو التاجر الاكبر فى البلاد العربية .

٧ — ليست القطارات فى المحطـة الرئيسية جـديدة ولكن عـدد من هذه القطارات نظيف وطيب .

٨ — هات الشاى للآنسة وقهوة مرة للاستاذ يا ولد .

ا – تفضلى .. ١١ قرشا

ج – معك خمسة مليمات ؟

ا – نعم تفضلى

ج – أى شىء آخر

ا – معى كارت ايضا

ج – لالمانيا ايضا ؟

ا – نعــم

ج – سبعة قروش من فضلك

ا – تفضلى النقود

ج – شــكرا

اية خدمة اخرى ؟

ا – لا يا هانم .. الف شكر

Hörverständnis **11.12.2**

ا – من فضلك يا سيد

ب – نعــم

ا – فين مكتب البريد

ب – البريد .. أ هو .. على اليمين

ا – شــكرا

ب – عفــوا

ا – من فضلك يا آنسة

ج – نعم .. اى خدمة

٩ — ضباط الجيوش المصرية والجنود حضر بالريف وبالمدن .

١٠ — أسئلة الطلاب مهمة للمدرس وللمعلم أيضاً .

١١ — ليست الحيوانات بالصحـراء اليفة وهي الاسـد الكبيرة والفأر الصغيرة .

١٢ — الحيوانات البيتية اليفة وهم البساس والقطط والكلاب والبلابل .

١٣ — توجد للطلاب أشياء مدرسية كثيرة وهى الكتب والكراسات والاقلام والشنط .

١٤ — الكراسى والطاولات لهذه الغرفة جديدة واللوحة قديمة .

Mikro-Übung **8.5**

للولد خال ، وهو كبير
للبلد رئيس ،
للعم بستان ،
للصديق كتاب ،
للطالب استاذ ،
للتاجر مخزن ،
للبيت سقف ،
للجدار شباك ،
للحيوان فرو ،

للاولاد اخوال ، وهم صحاح .
للبلاد رؤساء ،
للبنت عموم ،
لاحمد اصدقاء ،
للطلاب اساتذة ،
للجنود ضباط ،
للناس خبازون ،
للآباء ابناء ،
لنبيل اخوة ،

للضابط سيارة ، وهى جديدة .
للغرفة طاولة ،
للصديق شنطة ،
للاخ خزانة ،
للولد كلبة ،
للبلد مدينة ،
للبنت قطة ،
للسيدة ترزية ،

للمدينة مدارس ، وهى عظيمة .
للبيوت أبواب ،
للغرف شبابيك ،
للقطارات محطات ،
للتجار مخازن ،
للشموس اقمار ،
للطلاب كتب ،
للآنسات شنط ،

Diktat **8.6**

١ — سأل نبيل الرجل : اين المخزن ؟ ٢ — هو فى المدينة عند البريد . ٣ -- وهل يوجد عند التاجر خبز نظيف وبطاطس ؟ ٤ — نعم ، يوجد عند التاجر بطاطس ، ولكن خذ الخبز من الخباز . ٥ — ذهب نبيل مع ذكرى الى المدينة ، وهم الآن فى المخزن . ٦ — هل البطاطس طيب ؟ أيوجد هنا الخبز الابيض ايضا ؟ ٧ — نعم يا آنسة ، هنا البطاطس ، وهناك الخبز ، من فضلك . ٨ — طيب يا عم ، هات كيلو بطاطس وهذا الخبز . ٩ — شكرا يا مادمازيل ، ومع السلامة . ١٠ -- الله يسلمك .

Mikro-Übung **8.7**

هنا بيت على . هو بيته .	هنا مخزن نبيلة . هو مخزنها .
هنا كتاب على	هنا قلم نبيلة
هنا كلب على	هنا مصباح نبيلة
هنا كرسى على	هنا شباك نبيلة
هنا صديق على	هنا بلد نبيلة
هنا شراب على	هنا بس نبيلة
هنا ضيف على	هنا سرير نبيلة
هنا عم على	هنا عم نبيلة

هنا غرفة حسن . هى غرفته .	هنا سقوف البيوت . هى سقوفها .
هنا سيارة حسن	هنا غرف البيوت
هنا طاولة حسن	هنا جدران البيوت
هنا شنطة حسن	هنا شبابيك البيوت
هنا خزانة حسن	هنا سراير البيوت
هنا حبيبة حسن	هنا طاولات البيوت
هنا زميلة حسن	هنا اجراس البيوت
هنا اخت حسن	هنا كراسى البيوت

هنا بيت الطلاب . هو بيتهم
هنا استاذ الطلاب
هنا معلم الطلاب
هنا كتاب الطلاب
هنا صديق الطلاب
هنا قلم الطلاب
هنا شراب الطلاب
هنا ضيف الطلاب

هنا اقلام الناس . هى اقلامهم .
هنا كلاب الناس
هنا بيوت الناس
هنا بساتين الناس
هنا كراسات الناس
هنا شنط الناس
هنا كتب الناس
هنا ارجل الناس

Mikro-Übung 8.11

نبيل الاستاذ . هو استاذى .
نبيل الاب
نبيل العم
نبيل الخال
نبيل الزميل
نبيل الطبيب
نبيل الجزار
نبيل الاخ

احمد الصديق . هو صديقك .
احمد الولد
احمد الابن
احمد العم
احمد المعلم
احمد الاستاذ
احمد الرئيس
احمد الزميل

علية الاخت . هى اختى .
علية الام
علية العمة
علية الخالة
علية الزميلة
علية الصديقة
علية الطبيبة
علية الاستاذة

ليلى البنت . هى بنتك .
ليلى الاخت
ليلى الطالبة
ليلى الابنة
ليلى الصديقة
ليلى المعلمة
ليلى الترزية
ليلى الزميلة

هنا البيت وهو بيتنا .
هنا الطبيب
هنا الصديق
هنا الكلب
هنا الكرسى
هنا المصباح
هنا الضيف
هنا السرير

هنا البيوت . وهى بيوتكم .
هنا الغرف
هنا المصابيح
هنا الاقلام
هنا الكراسى
هنا الطاولات
هنا الكراسات
هنا الكتب

Diktat 8.12

١ — فى المدرسة غرف كثيرة . ٢ — نحن الآن فى الدرس وغرفتنا جميلة . ٣ — فى الصباح ذهبت الى المدرسة مع صديقى حسن . ٤ — عند حسن سيارته الجديدة . ٥ — من اين هذه السيارة الجميلة يا اخى حسن ؟ ٦ — اشتريت السيارة من التاجر امام بيتى . ٧ — الشبابيك صغيرة فى غرفة مدرستنا . ٨ — عند نبيل كتب نظيفة وهى كتبه . ٩ — لا يوجد فى هذا الدرس طالب اجنبى . ١٠ — الطلاب الاجانب كثيرون فى مدينتنا الصغيرة .

Mikro-Übung 8.16

احمد بالبيت . هو ببيته .
بالبستان
بالحوش
بالسرير
بالبلد
بالشارع
بالفندق
بالمخزن

انت بالبيت . انت ببيتك .
بالبستان
بالحوش
بالسرير
بالبلد
بالشارع
بالفندق
بالمخزن

احمد فى المدرسة . هو فى مدرسته .	انت فى المدرسة . انت فى مدرستك .
الغرفة	الغرفة
المدينة	المدينة
الشركة	الشركة
الجزارة	الجزارة
السيارة	السيارة
البلد	البلد

الناس فى البيوت . هم فى بيوتهم .	انتم فى البيوت . انتم فى بيوتكم .
الشوارع	الشوارع
المدن	المدن
البلاد	البلاد
الغرف	الغرف
السراير	السراير
الفنادق	الفنادق
البساتين	البساتين

Diktat **8.18**

ذهبت الى صديقى ثابت وكان فى بيته عدد من اصدقائنا الطيبين . ثابت هو ابن معلم من معلمى مدرستنا . اخذ ثابت الخبز والتين . وكان هناك على ايضا . سألت على : كيف حال عمك محمد ؟ هو بخير والحمد لله . وهو الآن صاحب شركة فى بلدنا ، ولشركته اشغال مهمة فى البلاد العربية وفى المانيا . وعمى حسين مهندس وهو الآن مع مهندسى شركتنا فى المملكة العربية السعودية .

على عند الخال . هو عند خاله .

العم

الخباز

الصديق

الجزار

المعلم

الاستاذ

الزميل

الصاحب

الناس عند البيوت . هم عند بيوتهم

الاصحاب

الاولاد

الابناء

البنات

الاقرباء

الاصدقاء

التجار

المهندسين

فاطمة عند الخال . هى عند خالها .

الخالة

العم

العمة

الام

الابنة

الصديقة

الزميلة

الاستاذة

البنات عند الامهات . هن عند امهاتهن.

العمات

العموم

الزميلات

الاستاذات

الاساتذة

الخبازين

الاخوة

الاباء

الزملاء عند الاستاذ: هم عند استاذهم

المعلم

التاجر

المهندس

الرئيس

الترزى

الاقرباء

الاصدقاء

الاحباء

نحن عند الرجال . نحن عند رجالنا .

الاصحاب

التجار

المهندسين

اللبنانين

الاصدقاء

الاقرباء

السيارات

المحطة

Lückendiktat **8.21**

١ -- الشركة مبسوطة من شغل مهندسيها والمهندسون زعلانون من الجو الحار . ٢ — لا يوجد الثلج فى البلاد العربية ولا فوق جبالها ايضا . ٣ — ذهب الاستاذ احمد الى المدرسة بسيارته الجديدة ولكن احمد زعلان من سرعتها القليلة . ٤ — لا الاه الا الله ومحمد رسول الله . ٥ — هل لغتك الالمانية ؟ نعم هى هى . ٦ — هذه المدينة صغيرة وشوارعها قصيرة . ٧ — هل انتم سعداء هنا ؟ نعم نحن مبسوطون من الشغل ومن زملائنا . ٨ — اشتريت هذه الاشياء من سوق جزارى المدينة . ٩ — الكراسى خفيفة ولكن الطاولات ثقيلة . ١٠ — اين بطاقتك الشخصية ؟ هى فى شنطتى بالسيارة امام مدرستنا . ١١ — أليست الطالبات مجتهدات ؟ ما رأيكم ؟ نعم هن مجتهدات اكثر من الممكن .

Diktat **9.8**

١ -- صباح الخير يا سيد عبد الله . ٢ — صباح النور يا صديقى . ٣ — هل عندك اشغال كثيرة هذا اليوم ؟ ٤ — نعم انا الآن فى الشارع الى مدرستنا وصديقتى عندى ومعها الاخ الصغير . ٥ — لصديقتى شنطة جميلة فيها كتبها وكراساتها . ٦ — زميلتى الآن عند بنت عمى فى بيتها مع امها . ٧ -- والاخ مع صديقه فى المدرسة وثابت معهم ايضا . ٨ — فى بستاننا اثل كثير وفيه الحشيش والبطاطس والبصل ايضا . ٩ — ماذا بك يا اخى ؟ لا شيء ، شكراً .

Diktat **9.17**

١ — ذهب طلاب من مدرستهم الى الريف مع معلمهم واخيه . ٢ — طلابنا جيدون ، وبينهم مهندسون وتجار . ٣ -- محمد له سيارة جديدة جميلة وهى الآن عند ابيه . ٤ — من اين لك هذه الكتب يا حسين ؟ هى من ابى نبيل . ٥ — ابو ليلى من ذوى العقول الكبيرة . ٦ — نبيل من اصدقائى المخلصين . ٧ — غرفتنا صغيرة وشبابيكها كبيرة ولكن فيها طاولات كثيرة . ٨ — فى بيتنا كلب وقطة . وبيت الفلاحين فيه عدد من البط . ٩ — هل ثابت فى بيته ؟ لا هو فى بيت عمه . ١٠ — الجو طيب اليوم فى هذه المدينة العظيمة .

Test 9.16

حسن — سيارة

عندها	
عنده	X
فيه	
معها	

المهندس — شنطة

معه	X
فوقه	
عندها	
فيهم	

السيدة — زوج

لـه	
عندها	
فيه	
لها	X

الفلاحون — ارض

لهن	
لهم	X
لها	
لـه	

المدرسة — الاساتذة

لكم	
فيها	
بينه	
تحتها	

الاب — كرائم

وراءه	
له	
اليه	
عنه	

الرجال — المهندس

عنده	
بينهم	
اليهم	

السوق — بطاطس

له	X
لها	
فيهن	
فيها	

الحى — الريف

وراءه	X
قبلها	
امامكم	
منده	

الساعة — الدرس

اليها	
قبله	
بعدها	
وراءها	

محمد وعلى وحسن — كتب

لهم	X
فيهن	
معك	
عندها	

انا — اخت

فيهن	
معك	
لى	
عندي	X

المدن — شوارع

فيهم	
بها	
فيهن	X
بـه	

الاثل — الظل

تحتهم	X
تحته	
تحتها	

Mikro-Übung **10.7**

هنا كتاب : عندى كتابان .	القلم فى المكتب . هو فيه .
قلم	على
دكان	تحت
مكتب	وراء
جواب	فوق
ولد	بـ
سرير	عند
كلب	امام
بيت	
زميل	

هنا جريدة . عندى جريدتان .	الكتاب فى الخزانة . هو فيها .
مجلة	فى الشنطة
بطاقة	على الطاولة
طاولة	تحت الطاولة
كراسة	فوق الكراسة
قطة	فى الكراسة
شنطة	وراء الجريدة
فأرة	على الجريدة
بطة	فى الغرفة

Diktat **10.8**

١ — بسم الله الرحمن الرحيم . ٢ — تمت خطبة السيد حسن عبد المنعم للآنسة ذكرى كريمة الاستاذ حسن نبيل . ٣ — كتب عبد الله سريعا رسائل الى ابيه وذويه . ٤ — ذهب الطلاب الى مدرستهم صباحا . ٥ — اشتريت خبزا ابيض فى السوق . ٦ -- لا جديد فى اخبار اليوم . ٧ -- رأيت فى البستان اثلة جميلة وكلبا صغيرا . ٨ — يا ولد هل رأيت فى بيت عمك قطا اليفا ؟ ٩ — لا يا سيدى ، لا يوجد فيه قط ، ولكن فى بيت اخى فأر ابيض .

Lückendiktat **10.14**

١ — ذهب احمد مع اخيه امس الى مسرح العاصمة بسيارتهما القديمة . ٢ — الشعب المصرى مبسوط من سياسة رئيسه وحكومته الجديدة . ٣ — هل رأيت عضوى الوفد الجزائرى فى الحفلة ؟ هما رجلان عظيمان ومن كبار بلادهما . ٤ — ذهب مرافقو الرئيس الى المركز التجارى للاجتماع بعد الظهر . ٥ — اشتريت نبيذا ابيض من التاجر وبطتين صغيرتين فى سوق الفلاحين . ٦ — سأل الاستاذ الولدين عن اشغالهما البيتية . ٧ — انا مبسوط جدا منكم يا زملائى الكرام . ٨ — العلاقات بين الشعبين العربى والالمانى ثابتة وطيبة . ٩ — هل رأيت ثلجا على الشوارع الجبلية ؟ ١٠ — ما رأيك عن هذا الشخص ؟ انا زعلان جدا منه وهو رجل كاذب .

Mikro-Übung **11.8**

كتاب : اشتريت اربعة كتب	شركة : ذهبت الى شركتين
شريط	جمعية
شىء	جريدة
خطاب	محطة
بستان	عاصمة
لعب	مرافقة
قط	زميلة
كلب	معلمة
حمار	مدينة

رئيس : رأيت خمسة رؤساء	عندك فلوس ؟ ما عندى (ش) فلوس
وفد	نبيذ
عضو	سلطة
شخص	قرنبيط
شارع	بسلة
مهندس	برتقان
شغل	بصل
اجتماع	فواكه
جبل	موز
فلاح	كرنب

Hörverständnis **11.12.1**

ا – من فضلك يا سيدى

ب – نعم

ا – اين مكتب البريد ؟

ب – البريد .. هنا على اليمين

ا – شـكرا

ب – عفـوا

ا – من فضلك يا آنسة

ج – نعم .. اية خدمة

ا – اريد ان ارسل هذا الخطاب

ج – الى اين ؟

ا – الى المانيا . . بكم من فضلك

ج – ١١ قرشا ونصف

ا ـ عاوز ابعت الجواب ده

جـ ـ فـين ؟

ا ـ المانيا . . بكام من فضلك ؟

جـ ـ ١١ قرش .. ونص

ا ـ أتفضلى ١١ قرش

جـ ـ فى تعـريفة ؟

ا ـ ايوه .. اتفضلى

جـ ـ فى حاجة تانى ؟

ا ـ فى كارت كمان

جـ ـ برضه لالمانيا ؟

ا ـ أيـوه

جـ ـ سبعة صاغ من فضلك

ا ـ اتفضلى الفلوس

جـ ـ شـكرا

اى خدمة تانى

ا ـ خلاص الف شكر

Diktat 11.14

١ — فى الجريدة اليومية اخبار جديدة . ٢ — فى خـزانتى عدد من الكتب وقلمان . ٣ — على الطاولة ثلاث كراسات وكتاب صغير . ٤ — اريد ان ارسل هذه الرسالة الى لبنان . ٥ — اشتريت عددا من الكراسى الجيدة . ٦ — ذهب السيد حسن الى مـكتب البريد . ٧ — هـل تريد شيئا آخـر يا سيدى ؟ ٨ — فى البستان توجد اثلة كبيرة وتحتها ظل طيب . ٩ — كم عدد الطلاب فى هذا الدرس ؟ ١٠ — لكل طالبتين طاولة واحدة .

Test **11.15**

٣

جنيهات	
جنيه	
جنيها	

٣١

دينار	
دنانير	
دينارا	

١٣

قرش	
قرشا	
قروش	

٢٥

فأرا	
فأرة	
فأرات	

١٠١

كتابا	
كتب	
كتاب	

٨

جوهر	
جوهرا	
جواهر	

٢

خاطر	
خاطرا	
خاطران	

١٢

رسالة	
رسالتان	
رسائل	

١٥

مليما	
مليم	
مليمات	

١١

شريطا	
اشرطة	
شريط	

٧

حفلة	
حفلتان	
حفلات	

١٨

فتيات	
فتاة	
فتاتان	

٢١

مخزن	
مخازن	
مخزنا	

٢٠٠

رجل	
رجلان	
رجال	

٤

شنطة	
شنط	
شنطتان	

١٠٠٠٠

حمارا	
حمار	
حمير	

Lückendiktat **11.20**

١ — ما هو السعر لهذا الكرنب يا شيخ ؟ ٢ — من غير فلوس يا سيدى . وعندى برتقان تازة جدا ليست الجواهر اجمل منه . ٣ — طيب يا رئيس . هات لى ثلاثة كيلو من القرنبيط واربعة كيلو طماطم . ٤ — هل تريد الكوسى ايضا ؟ هى لينة جدا وتازة خالص . ٥ — لا شكرا ، اشتريت الكوسى امس فى الجمعية وثمنها رخيص هناك . ٦ — اسعارنا حسب التسعيرة يا افندم . هل تريد البرتقان ابا سرة أم السكرى ؟ ٧ — هات لى ٢ كيلو سكرى للشراب وكيلو من ابى سرة ومن الموز لسلطة الفواكه . ٨ — حاضر ، اية خدمة يا بك . الكيلو بستة قروش للاثنين . ٩ — هذا غال . خذ خمسة قروش للكيلو . وهات نصف كيلو من البسلة ايضا يا عم . ١٠ — على شأن خاطرك ، كله ممكن ان شاء الله . أتوجد مع حضرتك شنطة أو سيارة ؟ ١١ — ليس لى سيارة ولكن توجد سيارات الاجرة فى الشوارع . .

Hörverständnis **12.7.1**

ا ـ عندك خضار ايه انهار ده

ب ـ عندنا طماطم زى الجواهر

ا ـ للسلطة ولا للطبيخ ؟

ب ـ للاثنين

ا ـ وبكام الطماطم

ب ـ بخمسة صاغ بس عشانك

ا ـ وعندك ايه تانى

ب ـ فى بسله وكوسه وكرنب وارنبيط وكل حاجة حلوه وطازه .

ا ـ وبكام البسله

ب ـ من غير فلوس خالص ... احنا اسعارنا حسب التسعيرة

ا ـ طيب .. ادينى اتنين كيلو طماطم وكيلو ونص بسله

ب ـ حاضر يا ستى

ا ـ وعندك فاكهة طازه ؟

ب ـ فى موز زى العسل وبرتقان ...

ا ـ بسره ولا سكرى

ب ـ الاتنين (فى بسره وفى بسكرى)

ا ـ طيب ادينى ٢ كيلو برتقان بسره وكيلو موز

ب ـ حاضر . اى خدمة تانى ؟

ا ـ شكرا .. وحسابك كام ؟

ب ـ ٢ طماطم		٨	صاغ زى بعضه
١ ½ بسلة		١٨	قرش
٢ برتقان بسره		١٢	
١ مــوز		٢٠	

ا ـ لا الموز غالى أوى ، ده فى الجمعية بعشره

ب ـ طيب علشان خاطرك خليه ١٦

ا ـ لا ١٢ قرش بس

ب ـ آخر كلام ١٣ قرش

يبقى كله ٥١ قرش

ا ـ لا هم خمسين قرش بس

ب ـ حاضر ياستى .. مع السلامه

Diktat **12.9**

وصل الى مصر مساء امس فى زيارة رسمية استاذان من جامعة برلين وكان فى المحطة استاذ العربية فى جامعة عين شمس . صحب الاستاذ المصرى زميليه الى الفندق . واليوم صباحا عقد الاساتذة اجتماعا حضره رئيس الجامعة والاساتذة الاجانب . وبعد ان شرب الكل الشاى ذهبوا الى مكتب الوزير للسلام عليه . وفى المساء حضر الاستاذان الصديقان حفلة رسمية للسيد رئيس الجامعة وذهبا بعدها الى فندقهما .

Diktat **13.6**

١ — سرق الولد الصغير نقودا من جيب ابيه فضربته امه . ٢ — وصل الملك خالد ملك المملكة العربية السعودية الى القاهرة فى زيارته الرسمية . ٣ — مرت ببغداد مساء امس وفود البلدان الصديقة فى طريقها الى بلادها وكان فى المطار عدد من الوزراء . ٤ — وصل الاردن وفد ثقافى من السوق الاوربية وحضر اجتماعات مهمة عقدها اساتذة الجامعة الاردنية .

Diktat **13.9**

١ — فى اجتماع للجمعية الفلاحية فى الريف طلب رئيسها من احد الفلاحين كتابة خطابين الى الحكومة فنسى ان هذا الفلاح فقير ولا ثقافة لديه . ٢ — قبضت الشرطة على رجل كان قد سرق من احد المخازن جواهر ثمنها تسع مائة وخمسة وسبعون جنيها . ٣ — ذهبت ليلى الى السوق وقالت للتاجر : اريد كيلو من الطماطم وكيلوين من السكر .

Test **13.13**

عفوت

الولد	
عن الولد	
على الولد	
الاولاد	

ركبتن

الحمير	
على الحمار	
فى الابل	
بالسيارة	

الرجال

سرق	
سرقا	
سرقت	
سرقوا	

الشرطة

قبض عليه	
قبضت فيه	
قبضوا عنه	
قبضت عليه	

الدروس		
	دام	
	داموا	
	دامت	
	دمت	

شربنا		
	نبيذ	
	خمر	
	خمور	
	الخمر	

هن		
	قالت	
	قالتا	
	قلنا	
	قلن	

انتم		
	ساقوا	
	سقتمو	
	سقتمه	
	سقتموها	

البنت		
	صاح	
	صحن	
	صاحت	
	صحتم	

الطيارات		
	طاروا	
	طرن	
	طار	
	طارت	

انتم		
	ركبوا	
	ركبتم	
	ركبتن	
	ركب	

بدانا		
	عملهم	
	هملى	
	بعملنا	
	فى المعمل	

Lückendiktat **14.7**

١ — ذهب الاستاذ حسن بن احمد البغـدادى الى الفـرن وسـأل الخبـاز : « أيوجد عندك خبز ؟ » ٢ — وقال الفران : نعم يا سيدى ، كل شيء موجود . ٣ — وسأله حسن : أى نوع من الخبز عندك ؟ كنت اريد خبزا اسود ، يعنى العيش الالمانى . ٤ — وسأل الفران الاستاذ حسن : ما هـو ؟ هل هـو الخبز الاسمر الاوربى ؟ لا مؤاخذة يا سيدى ، فليست هذه الانواع موجودة اليوم .

٥ — ثم قال له حسن : أيوجد عندك قيصر او خبز شامى هذا الصباح يا شيخ ؟ ٦ — وقال الفران : نعم يا بك ، اية خدمة . وخبز فينو بسمسم موجود ايضا وهو تازه وطرى . ٧ — أليس هذا الخبز ناشفا ؟ وهل هو غال ؟ ٨ — لا يا سيدى ، هو تازه من الفرن ورخيص . وثمن الرغيف الواحد نصف قرش فقط . ٩ — صحيح ، هو رخيص . واشتريته امس بقرش فى الجمعية . طيب . هات لى اثنين من الفينو وثلاثة من الشامى يا رئيس . ١٠ — اى شىء عاوز حضرتك . وتريد كم من البلدى ؟ ١١ — شكرا وهذا يكفى يا معلم . كل سنة وانت بخير . ١٢ — مع الف سلامة يا استاذ .

Hörverständnis 14.9.1

ا : هذا هو الفرن

ب : الف شكر يا سيدى

ا : العفو

ب : صباح الخير

جـ : صباح النور

ب : من فضلك ، اريد خبزا

جـ : اى نوع من الخبز ؟

ب : خبز اسود

جـ : اسود ... هل يوجد خبر اسود ؟

ب : نعم .. خبز المانى .

جـ : تقصد خبزاً اسمر

ب : نعم اسمر .. موجود ؟

جـ : متأسف ، لا يوجد

ب : اى نوع عندكم ؟

جـ : عندنا خبز بلدى

ب : وبكم الرغيف ؟
ج : ثمن الرغيف خمسة مليمات
ب : وماذا يوجد ايضا من فضلك
ج : خبز فينو ، بسمسم ومن غير سمسم
ب : وبكم هذا النوع ؟
ج : بقرش صاغ الرغيف . كما يوجد خبز شامى
ب : وهل هذا الخبز جيد ؟
ج : جيد جدا . يوجد نوع طرى وناشف . كله بقرش صاغ .
ب : طيب من فضلك
ج : نعم
ب : رغيف فينو بسمسم
ج : رغيف واحد ؟
ب : نعم ، هذا يكفى
ج : حاضر ، تفضل
ب : شكرا .. تفضل النقود
ج : مع السلامة
ب : مع السلامة

Hörverständnis **14.9.2**

ا : الفرن اهو
ب : الف شكر يا سيد
ا : عفوا
ب : صباح الخير
ج : صباح النور ..
ب : من فضلك عاوز عيش
ج : عيش ايه ؟
ب : عيش اسود
ج : اسود . . هو فى عيش اسود ؟
ب : ايوه ، عيش المانى
ج : تقصد عيش اسمر
ب : ايوه اسمر ... موجود ؟
ج : لا متاسف ، مافيش

ب : فى نوع ايه عندكم ؟

جـ : فى عندنا عيش بلدى

ب : بكام الرغيف

جـ : بتعريفة الرغيف

ب : وفى ايه تانى ؟

جـ : فى عيش فينو . . بسمسم ومن غير سمسم

ب : وده بكام ؟

جـ : بقرش ساغ الرغيف . وفى عيش شامى

ب : والعيش ده كويس ؟

جـ : كويس جدا . فى نوع طرى ونوع ناشف . كله بقرش صاغ

ب : طيب من فضلك

جـ : نعم

ب : رغيف فينو بسمسم

جـ : رغيف واحد ؟

ب : ايوه كفايه

جـ : حاضر اتفضل

ب : شكرا .. اتفضل الفلوس

جـ : مع السلامة

ب : مع السلامة

Diktat 14.13

على

طلب عبد الله من اخيه ان يذهب معه لزيارة صديقهما حسن ولكنه نسى ان صديقه حسن كان مسافرا . فوصل الاخوان الى البيت وطرقا الباب فلم يسمعا جوابا . فقال عبد الله لاخيه : عفوا ، فقد نسيت ان حسنا مسافر لزيارة اقربائه فى مدينة بعيدة وانه لم يرجع الى بيته الى الآن .

وبعد ذلك ذهب الاثنان الى السوق وشربا القهوة .

Kernsatz-Nachsprechübung **14.16**

شرب

شرب العمال

شرب العمال الخمر

بالليل شرب العمال الخمر

فصاح

فصاح محمد

فصاح محمد وسمعه

فصاح محمد وسمعه شرطى

وسرقوا

وسرقوا النقود

وسرقوا نقود السائق

وسرقوا نقود سائق التاكسى

قبض الشرطى

قبض الشرطى على الرجل

والرجل قبض الشرطى عليه

ساق

ساق محمد

امس ساق محمد

امس ساق محمد سيارة الاجرة

وسأله

وسأله عن اصدقائه

طلب

طلب منه

طلب منه رجل

وفى الشارع طلب منه رجل

وفى الشارع طلب منه رجل رحلة

قال

ما قال

ولكنه ما قال

ولكنه ما قال شيئا

ولكنه ما قال شيئا عن اصحابه

وضربه

وضربه على رأسه

وفى الطريق ضربه على رأسه

وفى الطريق ضربه على رأسه بالحديدة

ساق

ساق الشرطى

ساق الشرطى هذا الكاذب

لذلك ساق الشرطى هذا الكاذب

لذلك ساق الشرطى هذا الكاذب الى القاضى

ا : هذا هو الفندق

ب : هل يمكن ان اجد حجرة ؟

ا : ان شاء الله .. ادخل اولا واسال .

ب : واين أسأل ؟

ب : فى الاستعلامات

ب : شـــكرا

ا : عفــوا

ب : من فضلك يا آنسة

جـ : نعم .. ماذا تريد ؟

ب : اريد حجرة

جـ : بكم سرير ؟

ب : بسرير واحد

جـ : بسرير واحد .. للاسف .. غير ممكن

ب : غير ممكن .. لماذا ؟

جـ : لا يوجد

ب : وماذا اعمل الان ؟

جـ : ممكن بعد يومين

ب : لا .. انا مسافر بعد ثلاثة ايام . هل يوجد حل يا آنسة ؟

جـ : خذ حجرة بسريرين

ب : بسريرين .. وهل الحجرة غالية ؟

جـ : ليست غالية جدا .. حجرة جميلة على النيل .

ب : لا مانع . بكم الليلة ؟

جـ : ثلاثة جنيهات

ب : ثلاثة ليالى .. تسعة جنيهات .

اين ادفع من فضلك

ج : هنا عندى ... ممكن تدفع بعد ذلك .
ب : لا شكرا ادفع الآن ..
تفضلى .. عشرة جنيهات
ج : تفضل الباقى .. جنيه .
ب : لا .. الباقى لك
ج : شكرا ... يا حسين .. خذ الشنطة الى حجرة واحد وعشرين .
حسين : حاضر يا مدموازيل ..
اية خدمة يا بك ؟

Hörverständnis **14.18.2**

ا : ادى اللوكانده يا سيدى
ب : بس ممكن الاقى اوضه
ا : ان شاء الله .. خش اسال الاول
ب : اسال فين ؟
ا : فى الاستعلامات
ب : شكرا
ا : عفوا
ب : من فضلك يا مدموازيل
ج : افندم .. اى خدمة
ب : عاوز اوضه
ج : اوضه كام سرير
ب : اوضه بسرير واحد
ج : بسرير واحد .. للاسف مش ممكن
ب : مش ممكن ليه ؟
ج : مافيش
ب : طيب اعمل ايه دلوقت ؟
ج : ممكن بعد يومين

ب : لا .. انا مسافر بعد ثلاث ايام . مافيش حل يا مدموازيل ؟
ج : خذ اوضه بسريرين
ب : بسريرين .. دى غاليه .
ج : مش قوى .. اوضه على النيل .. جميلة جدا .
ب : زى بعضه .. الليلة بكام ؟
ج : ثلاثه جنيه
ب : ثلاث ليالى ... تسعة جنيه . ادفع فين من فضلك ؟
ج : ممكن تدفع بعدين
ب : لا .. لا ادفع دلوقت احسن
ج : هنا عندى
ب : اتفضلى .. عشره جنيه
ج : اتفضل الباقى .. جنيه
ب : لا خلى الباقى علشانك
ج : مرسى قوى ... يا حسين .. طلع الشنط للبك .. اوضه واحد وعشرين .
حسين : ايوه بك ... اى خدمه يا بك

Diktat 14.22

قال نبيل لصديقه محمد : اذهب الى التاجر بينما سأذهب الى الفرن . وبعد ان جلب محمد الخضراوات واخذ نبيل الخبز التازه مر الصديقان بطريقهما الى السيارة بصديق آخر فسألهما : هل تريدان ان تشربا شرابا عندى ؟ فقالا : نعم شكرا ، وبعد ان شرب الاصدقاء الشراب ذهبوا بسيارة نبيل الى السينما .

Diktat 15.10

١ — طلبت السيدة من سائق التاكسى أن يأخذها بسيارته الى محطة القطار . ٢ — تقبض الشرطة على رجل كان يريد أن يدخل مخزنا فى الشارع الرئيسى ليسرقه فتسوقه الى قاض . ٣ — تقول الام لابنها الكبير : خذ اخاك الصغير واذهب معه الى بيت عمك . ٤ — يسأل الاجنبى رجلا فى الطريق : اين السينما من فضلك ؟ فيقول له الرجل : امش فى هذا الشارع وعند اشارة المرور اذهب الى اليمين ، وهناك ستجد السينما على اليسار .

Mikro-Übung 15.12

اِركَب : (انا) اركب	اركب السيارة : (انا) اركب السيارة
اُطلب	اطلب النقود
اِسمَع	اسمع يا رجل
اِقبض	اقبض على السارق
اعزِم	اعزم الرحلة
اُحضر	احضر الحفلة
اِمنَع	امنع عن الاكل
اُقرُب	اقرب الى المدينة
اُكتُب	اكتب الرسالة
اِشرَب	اشرب القهوة
اذهَب	اذهب الى العم
اِضرِب	اضرب هذا الكلب
اِصحَب	اصحب الضيف
اعمَل	اعمل الشغل
اُنخب	انخب النائب
اُسكُن	اسكن فى البلد
اجلب	اجلب الشاى
اُعقد	اعقد الاجتماع
خُذ	خذ الشنطة
كُل	كل الفواكه
اِسأَل	اسأل الاستاذة
اِقرأ	اقرأ الكتب
اِبدأ	ابدأ بالعمل

Hörverständnis **15.13.1**

ا : من فضلك يا سيدى
ب : نعم
ا : كيف اصل الى المحطة
ب : المحطة ... هل معك سيارة ؟
ا : لا . هل المحطة بعيدة من هنا ؟
ب : حوالى ثلث ساعة من هنا . وتاخذين الاوتوبيس ام المترو ؟
ا : اى شى ... واين محطة الاوتوبيس ؟
ب : حسن . لتمشى فى هذا الشارع حتى اشارة المرور ثم يمينا
ا : ولكنى مستعجلة
ب : اتاخذين المترو ؟
ا : واين محطة المترو ؟
ب : لتمشى يمينا .. والشارع الثالث شمالا
ا : انها بعيدة جدا
ب : الاحسن تاكسى
ا : ممكن تساعدنى ؟
ب : لحظة واحدة من فضلك .
يا تاكسى
ت : نعم يا سيدى
ب : هل توصل هذه السيدة الى المحطة الرئيسية ؟
ت : بكل سرور .

Hörverständnis **15.13.2**

ا : من فضلك يا افندم
ب : نعم
ا : ازاى اروح المحطة
ب : المحطة .. معاك عربية ؟

ا : لا . هى المحطة بعيدة من هنا ؟
ب : حوالى تلت ساعة من هنا . تحبى تركبى الاوتوبيس ولا المترو ؟
ا : زى بعضه . هى فين محطة الاتوبيس ؟
ب : تمشى فى الشارع ده على طـول لغاية اشـارة المرور وبعدين تحـودى على اليمين .
ا : لكن انا مستعجلة
ب : تحبى تركبى المترو ؟
ا : وفين محطة المترو ؟
ب : تمشى يمين وتالت شارع شمال وبعدين على طول
ا : دى بعيدة قوى
ب : الاحسن تاخذى تاكسى
ا : طيب . ممكن تساعدنى ؟
ب : لحظة واحدة من فضلك .
يا تاكس . وصل الست دى لمحطة سكة الحديد .

Lückendiktat **15.16**

كثر المرور فى شوارع القاهـرة من يوم ليـوم بسبب كثرة عـدد السيارات واتوبيسات . ولذلك لا يمكن للناس يعنى لاصحـاب السيارات الخاصـة أن يأخذوا سياراتهم هذه فى طـريقهم الى العمل صباحا فى وقت يبدأ فيه الشغل بالشركات والمصانع والمكاتب الحـكومية . ومـع ذلك يرغب كل واحـد من المصريين فى أن يملك سيارة خاصة .

ونفهم هذه الرغبة ونعرف ان الاتوبيسات ليس من الممكن أن نركبها وندخـل فيها : احيانا يوجد فى الاوتوبيس ذى خمسين مقعـدا مائة شخص او اكثر من ذلك ايضا . وكذلك لا يمكننا أن نجد سيارة أجرة فى الصباح .

ما هو الحل فى هذه الاحوال ؟ يرغب سكان العاصمة فى أن يعمل رئيس مجلس المدينة تخطيطا لبناء مترو تحت الارض . وفى الحقيقة بدأت الحكومة المصرية بتخطيطه وهذا المترو الحديث هو الحل للغد . ولكنه ليس الحل لصعوبات هذه الايام .

Kernsatz-Nachsprechübung **15.17**

سأل

سأل الاستاذ

سأل الاستاذ السيدة

السيدة سألها الاستاذ

السيدة سألها الاستاذ عن الساعة

وصل

وصل رئيس الجمهورية

وصل رئيس الجمهورية الى المطار

فى ساعة مبكرة وصل رئيس الجمهورية الى المطار

المعلم يمنع

المعلم يمنع الطالب

المعلم يمنع الطالب الصغير

المعلم يمنع الطالب الصغير أن يشرب

المعلم يمنع الطالب الصغير أن يشرب السيجارة

سألتُ

سألتُ صديقى

ان صديقى سألتُه

ان صديقى سألتُه عن الدروس

ان صديقى سألتُه عن الدروس فى الجامعة

Hörverständnis **15.19.1**

ا : تاكسى .. تاكسى . لا فائدة .. اركب الاوتوبيس

ب : يا آنسة ، ماذا تريدين ؟

ا : اريد ان اذهب الى مصر الجديدة

ب : اركبى الاوتوبيس . انه سريع

ا : هل الاتوبيسات خالية الآن ؟

ب : نعم . هى خالية الآن .

ا : وآخذ اى اتوبيس ؟

ب : خذى اوتوبيس خمسمائة (٥٠٠) .. هذا سريع جدا .

ا : هل ياخذ وقتا طويلا ؟

ب : لا ، نصف ساعة فقط

ا : نصف ساعة ...

ب : نعم .. نصف ساعة تكونين هناك .

ا : اريد ان اذهب الى ميدان صلاح الدين .

ب : ميدان صلاح الدين ؟ احسن تركبين المترو .

ا : انا لا اعرف اين المترو

ب : تعالى .. انا اذهب الى هناك

ا : هل المحطة بعيدة ؟

ب : لا : ليست بعيدة جدا . هذا هو المترو .

ا : هل هو خط واحد ؟

ب : (محطة صلاح الدين) خذى مترو « النزهة »

ا : وبكم التذكرة ؟

ب : درجة اولى ثلاثة قروش ونصف

ا : انها غالية ... ودرجة ثانية

ب : درجة ثانية ، قرشان .

ا : المترو وصل . الف شكر يا سيدى .

ب : العفو .. انا اركب المترو ايضا .

Hörverständnis **15.19.2**

ا : تاكسى .. تاكسى .. مافيش فايده .. اركب الاتوبيس .

ب : انت حضرتك عاوزه ايه ؟

ا : عاوزه اروح مصر الجديدة .

ب : الاوتوبيس كويس .. وسريع

ا : الأوتوبيسات فاضيه دلوقت ؟

ب : ايوه ، فاضيه خالص .

ا : وآخذ نمره كام ؟

ب : خذى اوتوبيس خمسمئة ، ده سريع جدا .

ا : هو ياخذ وقت كتير ؟

ب : لا .. نص ساعة بس .

ا : نص ساعة ؟

ب : نص ساعة تكونى هناك .

ا : انا عاوزه اروح ميدان صلاح الدين .

ب : ميدان صلاح الدين ؟ احسن تركبى المترو .

ا : انا مش عارفه المترو فين .

ب : تعالى ... انا حاروح هناك .

ا : هى المحطة بعيدة ؟

ب : لا مش بعيدة اوى . ادى المترو

ا : هو خط واحد ؟

ب : محطة صلاح الدين .. خذى مترو « النزهة »

ا : والتذكرة بكام ؟

ب : درجة اولى ٥ر٣ صاغ .

ا : لا دى غاليه ... ودرجه تانيه ؟

ب : درجه تانيه قرشين ،

ا : المترو وصل . يا سيدى الف شكر .

ب : العفو . انا حاركب المترو كمان .

Diktat 16.8

وصلتنى رسالة من صديقى من مصر ويقول فيها : كنت قبل يومين فى حفلة عند احد اصحابى وشربنا فيها كثيرا من الخمر واكلنا خضروات مع الرز والدجاج . وبعد ان خرجنا من بيته مشيت الى سيارتى لاذهب الى بيتى . فجاء احد رجال الشرطة وسألنى : هل شربت الخمر وتريد الآن ان تسوق سيارتك ؟ فقلت له : كلا . فقال لى : انت كاذب ، يجب عليك أن لا تشرب النبيذ ثم تسوق سيارتك . امش الى بيتك على رجليك بدون السيارة .

Diktat 16.13

لم يكن هذا بسيطا لى ، فبيتى بعيد جدا ولم تكن معى نقود كثيرة . وبينما انا فى هذه الحال غير الطيبة وكنت اريد ان اقول كلمة رأى الشرطى حالى وقال : هل عندك سؤال ؟ فقلت له : نعم . فقال : اسأل . فقلت : انى اريد أن تصحبنى الى المطعم القريب لنشرب فنجانا من القهوة . وقال انه حاضر . دخلنا المطعم ولكننا لم نأخذ القهوة بل اخذنا كؤوسا من الشراب وبعد أن دفعت الحساب وخرجنا من قاعة الطعام الى الطريق قال لى : اركب سيارتك وصل الى بيتك بالسلامة وكان الله معك . فشكرته على ذلك وسقت سيارتى الى بيتى .

Lückendiktat 16.17

دخل ضيف عجوز المطعم وسلم على الخادم وسأله : ماذا يوجد فى قائمة الطعام اليوم ؟ فقال له الخادم : والحمد لله يوجد كل حاجة حلوة تريدها . وانى اعرف أن حضرتك تحب تأكل السمك أم لا ؟ وقال الضيف للخادم : انى لا اريد اليوم أن آكل السمك ولكنى رأيت أن رجلا اخر يأكل شريحة لحم ، فلتجلب لى شريحة بيفتيك كذلك مع طبق من السلطة . وبعد أن سأله الخادم عن نوع السلطة قال السيد : هات لى طحينة وامش بسرعة على شأن انا مستعجل وليس عندى وقت كثير . فقال له الخادم : لا مؤاخذة يا افندم ولكن اللحمة عاوزة الوقت ، ...

والعجلة من الشيطان . سأجلب لحضرتك جرائد الصباح لتقرأها ولتكن ممنونا .
فقام السيد من كرسيه وقال للخادم : انى لم أجىء الى هـذه اللوكنده لقراءة
المجلات ، ولن اعود اليها مرة ثانية . فقال الخادم للضيف الماشى : مع السـلامة
يا استاذ وكان الله معك .

Diktat 17.7

جلس جحا ذات يوم أمام داره فمر به صديقه فرآه ومعه نقود كثيرة فسأله : من اين لك هذه النقود يا جحا وانت رجل فقير ؟ فاجـاب : ان الله قد اعطانى واصبحت الآن غنيـا . فسأله الصـديق : وكيف كان ذلك ؟ فقال جحـا : قد اشتريت هذه البئر وراء دارى ، فهى الآن ملكى ، وحمارى يحرك الساقية كل يوم والناس يحضرون الى هنا ليأخـذوا الماء فيدفعـون لى الثمن ، فتـرانى جالسا هنا والحمار يعمل .

فسأله الصديق : ولكن كيف تعرف ان الحمار يعمل ، فانك لا تراه ومن الممكن أن لا يمشى ؟ فقال جحا : ان الامر بسيط جدا ، فعند رأس الحمار جرس وانى أسمع هذا الجرس واعلم أن الحمار يمشى . فقال الصديق : ولكن كيف الامـر ولو وقف الحمار وكان يحرك رأسه ، فكيف تعرف ذلك ؟ فأجاب جحا : والله ، لو كان الحمار ذا عقل الى هذه الدرجة فيجب أن يجلس هنا امـام بيتى واذهب انا لاحرك الساقية .

Hörverständnis 17.13.1

١ — لو سمحت : ما تقدمون اليوم ؟
٢ — لحظة واحدة . ساحضر قائمة الطعام حالا .
١ — يا الاهى ، ما هذا ؟ كنت اريد ان آكل كبابا وارزا
٢ — آسف يا سيدى ، لا تقدم اللحوم اليوم .
١ — لماذا ؟
٢ — اليوم هو يوم الاثنين .
١ — ما زلت لا افهم . وماذا معنى ذلك ؟

٢ — فى ايام الاحد والاثنين والثلاثاء والاربعاء لا تعمل المجازر .
١ — فهمت الآن . وماذا يوجد اليوم ؟
٢ — يقدم المطعم اليوم السمك والجمبرى . . .
١ — جمبرى ؟ انى احبه . اعطنى طبقا من السمك وآخر من الجمبرى .
٢ — واى نوع من السلطة تفضل ؟
١ — طحينة من فضلك وخبزا شاميا .
٢ — هل تحب أن تشرب شيئا مع الاكل ؟
١ — زجاجة كوكا كولا .
٢ — حاضر !

Hörverständnis **17.13.2**

١ — لو سمحت يا رئيس ، عندكو ايه النهار دا ؟
٢ — دقيقة واحدة ، اجىء ب لك حضرتك حالا اللست .
١ — الله ـ اى دا ؟ انا كان نفسى ياكل كباب مع رز بكلاوى وسلاطة . .
٢ — احنا آسفين قاوى . النهار دا مش ممكن .
١ — ليه بق ؟
٢ — الله ـ النهار دا الاثنين .
١ — طيب ، يعنى ايه ؟ بردو مش فاهم .
٢ — اصل ايام الحد والاتنين والتلات والاربع ما فيش لحمة .
١ — ومال فى ايه ؟
٢ — حاضر . سمك مشوى ، جمبرى . . .
١ — جمبرى ؟ الله ـ دا انا بحب قاوى . من فضلك ، ادينى سمك ، واحد سمك ، وطبق جمبرى .
٢ — حاضر ، بكل ممنونية . طيب . والسلاطات ، يا بك ؟ طحينة ولا قوطة ؟
٢ — طحينة من فضلك . وعيش شامى . ممكن ازازة كوكا كولا كمان ؟
٢ — من عينى .

Diktat **17.14**

بينما كان حمار يأكل الحشيش فى البستان ورآه ذئب ، أراد أن يأكله فصاح من بعيد : مرحبا يا صديقى كيف حالك ؟ انا طبيب . هل تريد أن أعطيك شيئا جيدا ؟ وعرف الحمار أن الذئب يريد أن يأكله فأجاب : وعليكم السلام يا حضرة الدكتور ، تفضل هنا ، فرجلى بحاجة اليك . وعندما اتى الذئب الى أن قرب من رجل الحمار ضربه هذا بها . فمشى الذئب .

Lückendiktat **17.19**

كثر عدد سكان العاصمة ، وتصبح الآن المساكن غير كافية فيها . فبنت الحكومة ابنية جديدة كثيرة ودورا عديدة فى قلب المدينة القديمة ، وتخصص هذه المساكن لاصحاب الاجور الصغيرة . واما اصحاب الايرادات العالية فيجب عليهم أن يجدوا بيوتا او منازل فى السوق الحرة يعنى يلزمهم أن يزوروا مكاتب خاصة بوساطة البيوت والمساكن ، وهم السماسرة .

وعند السمسار يوجد حالان للشخص الذى يبحث عن المنزل : الاول هو الايجار ، ومعناه ان صاحب البيت او المنزل يؤجر ملكه للمستأجر ويدفع هذا الاجرة الشهرية . ويمكن أن تكون الدار او الشقة مفروشة أو لاتكون مفروشة وكانت فاضية .

والامكان الثانى هو الشراء ومعناه انه سيصبح صاحبا ومالكا لهذا الملك . وعلى كل حال ليس البحث عن الشقق امرا بسيطا فى هذه الايام . وظهرت حقيقة كبرى : الاقامة فى العاصمة غالية .

Diktat **18.5**

وصل طهران يوم ١٥ نوفمبر وفد من مجلس الشعب الصينى وكان مؤلفا من تسعة أعضاء فى زيارة رسمية لايران تدوم اسبوعا واحدا . بدأ وزراء الخارجية فى الدول الاعضاء فى السوق الاوربية محادثاتهم فى بروكسل . وتحادث هؤلاء الوزراء حول امور السياسة الانفصالية فى اليونان وتكلموا ايضا عن العلاقات بين الدول الاوربية والدول العربية . ويمكن أن ينظر الوزراء فى موضوع التعاقد التجارى مع ايران كذلك .

Mikro-Übung **18.9**

محمد : سلم لى على محمد	السؤال : احمد يواصل السؤال
عم على	العمل
السيدة	التفرج
المهندس	النوم
المدير	الاكل
حضرة الاخ	المخالفة
ابوك	المحادثة
الاخت	المباحثة
زميلك	الدراسة
صديقتك	السفر

التليفسيون : يتفرج على التليفسيون	الماكنة : الاسطى يصلح الماكنة
كرة القدم	الراديو
المباراة	السيارة
المسرح	الطاولة
السينما	الخزانة
رجال الشرطة	الكراسى
البناء الجديد	الشنطة
العمال فى الشارع	الشبابيك

الموضوع : تتحادث عن الموضوع
السياسة
الجو
الموقف الجديد
السينما
الاكل
الصحة
المرور

الاسانسور : الاسانسور غير مصلح للساعة
الراديو
الفابور
الكرسى
النور
المصباح
الشارع
الاوتوبيس

Hörverständnis 18.12.1

١ — صباح الخير
٢ — صباح النور . تفضلى يا سيدتى .
١ — شكرا .
٢ — اية خدمة يا سيدتى ؟
١ — عندك شقق للايجار ؟
٢ — كم حجرة ؟
١ — اربع حجرات اذا كان ممكن .
٢ — مفروشة ام فاضية ؟
١ — أهناك شقق فاضية ؟
٢ — طبعا . ولكن لمتى ستقيمين فى القاهرة ؟
١ — حوالى سنة . . .
٢ — لا ، ليس ذلك ممكنا لسنة واحدة فقط . الافضل أن تأخذى شقة مفروشة .
١ — سيان .
٢ — لدى شقة مفروشة اربع حجرات . . .
١ — اين ؟
٢ — فى شارع النيل ، الدور الثانى . . .

١ — ممكن اراها ؟
٢ — طبعا .
١ — شكرا .
٢ — عفوا . هيا بنا ، نراها .
١ — هيا بنا .

Hörverständnis **18.12.2**

١ — صباح الخير .
٢ — صباح النور . اتفضلى يا مدام .
١ — شكرا .
٢ — اية خدمة يا مدام ؟
١ — عندك شقة للايجار ؟
٢ — كم اوضه ؟
١ — اربع اوض اذا كان ممكن .
٢ — مفروشة ولا فاضية ؟
١ — فى شتق فاضية ؟
٢ — فى طبعا . بس حضرتك تقعد عده ايه فى مصر ؟
١ — حوالى سنة . . .
٢ — لا . سنة مش ممكن . احسن تأخذى شقة مفروشة .
١ — طيب زى بعضه
٢ — فى شقة مفروشة اربع اوض . . .
١ — فين ؟
٢ — فى شارع النيل ، الدور التانى .
١ — ممكن تفرجنى عليها ؟
٢ — طبعا .

١ — متشكرة جدا .

٢ — العفو . يللا بنا . اتفرج عليها .

١ — يللا .

Diktat 18.13

فى يوم من الايام مررت بصديقى احمد فرأيته منصرفا عن دروسه وقد تعالت فى غرفته الموسيقى فقال لى تفضل الى مجلسى هذا . ولم يكن صديقى وحده فقد جالسه بعض الزملاء يتعاطون الخمر ويلعبون الورق ، فقلت لهم انصلحوا يا ناس فآباؤكم يتوقعون منكم الدراسة والتعلم . فلم يتجاوبوا معى وتساءل صاحبى وقال : متى ستتعلم كيف يجب أن يكون السرور ، ولماذا تتظاهر بأنك لا تشرب الخمر ؟ تعال وشاربنا هذا النبيذ ولا تتأخر . ولكنى لم أشرب الخمر وغادرت الحجرة .

Mikro-Übung 18.16

اين محمد ؟ محمد للساعة ما جاء	يكتب : يمكنه أن يكتب
اخوك	يقرأ
عم على	يذهب
المدير	يرجع
المهندس	يروح
الاستاذ	يشاهد
الدكتور	يبدأ
الوزير	يتكلم
وكيل الوزارة	ينام

اين المدام ؟ المدام للساعة ما جاءت	تشرب : يجب عليها ان تشرب
الاستاذة	تقوم
الطبيبة	تبقى
الصديقة	توصل
زميلتك	تعلم
الآنسة عائدة	تطلب
المديرة	تفهم
الخالة	تعيد

اين الطلاب؟ الطلاب للساعة ما جاؤوا	الشركة : تأممت هذه الشركة
المهندسون	البنوك
الاساتذة	التجارة
الناس	الجريدة
الاولاد	الفابريكة
الخبراء	الابنية
الضباط	المطاعم
الجنود	الصناعة

Diktat 19.6

غادر عدن اليوم السيد عبد العزيز وزير الصناعة والتخطيط فى جمهورية اليمن الديمقراطية الشعبية على رأس وفد رسمى فى زيارة الى المملكة العربية السعودية ودول الخليج العربى . وقال الوزير فى حديث لاحدى الجرائد انه يحمل رسالة شخصية من رئيسه الى الملك خالد حول العلاقات بين البلدين ورسالة اخرى من رئيس الوزراء الى رئيس الوزراء الكويتى

Lückendiktat **20.6**

ذهب السيد احمد بن عبد الحليم الى البنــك المــركزى لأنه كان له حساب في هذا البنك ، واراد اليوم أن يحــول مبلغا اكبــر من الدولار الى العملة المحلية .   :

فالقانون لا يمنع أن يملك المواطن عملة صعبة يعنى عملة اجنبية ، وان الحكومة تشجع أصحاب هذه العملة لتحويلها الى النقــود المحلية بواسطة اسعار خاصة وخففت العملية كثيرا . فيجب على أصحاب العملة أن يملؤوا استمارة فقط ويشرحوا فيها اذا كانوا مواطنين أم سواحا . واما التوقيع فيلزم الزبون أن يمضى بيــده وبالحروف العربية . وبعد ذلك يحسب موظف قسم التحويل سعر العملة المطلوبة ويرسل زبونه الى شباك الخزنة التى يتسلم نقوده منها .

هذه هى العملية . وقد حــول السيد احمد الدولار الى عمــلة محليــة وانصرف من البنك ممنونا .

Hörverständnis **20.8.1**

ا : نمرة حسابى كام من فضلك ؟

ب : ٦٥٨٦

ا : اه كويس . انا ماشى شكرا

ب : مع السلامة

ا : الله يسلمك

ب : اى خدمة ؟

جـ : ممكن أحول المبلغ ده لجنيهات مصرية ؟

ب : المبلغ باى عمله

جـ : بالمارك الالمانى

ب : التحـويل بالسعـــر التشجيعى الجنيه اربعة مارك

جـ : يعنى ايه السعر التشجيعى ؟

ب : السعـــر التشجيعى يعنى السعـــر السياحى

جـ : هو فى سعر تحويل ثانى ؟

ب : ايوه . . سعر التحـــويل الرسمى بين البلدين .

جـ : كام السعر التشجيعى ؟

ب : السعـــر التشجيعى الجنيه اربعــــة مارك زى ما قلت لحضرتك

جـ : والسعر الرسمى ؟

ب : السعر الرسمى الجنيـــه حــوالى سبعة مارك

جـ : يبقى السعر التشجيعى احسن

ب : طبعا ـ اتفضـــل امـــلى الاستمارة دى

جـ : بالعربى والا بالالمانى ؟

ب : اذا كان ممكن بالعربى .

جـ : لكن انا ما بأعرفش عربى كويس .
ممكن اكتب بالالمانى ؟

ب : انا ما باعـــرفش المانى خـــالص ، ممكن بالانجليزى ؟

جـ : للاسف انا ما بأعرفش انجليـــزى خالص

ب : ممكن بالفرنساوى ؟

جـ : الفرنساوى . . شويه صغيره

ب : طيب ، انا امـــــلى الاستمـــــارة وحضرتك تمضيها .

جـ : شكرا . . امضى فين ؟

ب : هنا تحت

اتفضل على الخزنة .

ج : متشكر

ب : عفوا . . مع السلامه .

ا : يا سيدى ـ انا نسيت نمرة حسابى . حسابى كام ؟

ب : نمرة حساب حضرتك ٦٥٨٦

ا : اى والله . متشكر

ب : العفو يا سيدى . مع السلامة .

Schreibabsicht: appellieren

	r	f
▶ das Anliegen höflich vortragen	✗	❍
▶ fremde Personen mit DU ansprechen	❍	✗
▶ das Anliegen begründen	✗	❍
▶ eine höfliche Anrede und Schlussformel finden	✗	❍
▶ die direkte Rede verwenden	❍	✗

Schreibabsicht: notieren

	r	f
▶ in ganzen Sätzen schreiben	❍	✗
▶ übersichtlich – in Tabellen – notieren	✗	❍
▶ treffende Zeitwörter verwenden	❍	✗
▶ Abkürzungen verwenden – Lb. = Lesebuch	✗	❍
▶ ganz Wichtiges mit Farbe markieren	✗	❍

1. Auflage 2012

ISBN 978-3-7058-8845-6

5. Textstelle:
Das Schönste an den Ferien ist, dass ich früh immer spät aufstehen kann.
❍ frühzeitig ✗ am Morgen ❍ in aller Früh

6. Textstelle:
Ich habe nur noch einen Opa. Mein anderer Opa verschlief unerwartet im letzten Jahr.
✗ verstarb ❍ verabschiedete sich oder ✗ verschied

7. Textstelle
Meine Tante machte einen Luftsprung, sonst wäre sie von einem Auto niedergestoßen worden.
❍ Weitsprung ✗ Sprung zur Seite ❍ Freudensprung

TEST 90

	andere zu unterhalten	andere zu informieren		an andere zu appellieren	um mir etwas zu notieren
1. Eine Tagebucheintragung vornehmen	❍	❍		❍	✗
2. Eine Bastelanleitung verfassen	❍	✗		❍	❍
3. Über einen Streich erzählen	✗	❍		❍	❍
4. Dem Bürgermeister einen Wunsch vortragen	❍	❍		✗	❍
5. Einen Steckbrief von ... verfassen	❍	✗		❍	❍
6. Einen bösen Traum erzählen	✗	❍		❍	❍
7. Eine Beschwerde an ... richten	❍	✗	oder	✗	❍
8. Einen Einkaufszettel schreiben	❍	❍		❍	✗
9. Eine Spielanleitung verfassen	❍	✗		❍	❍
10. Eine fantastische Geschichte erfinden	✗	❍		❍	❍
11. Eine Firma um Unterstützung bitten	❍	❍		✗	❍
12. Lustige Zweizeiler reimen	✗	❍		❍	❍
13. Die gelesenen Bücher festhalten	❍	❍		❍	✗
14. Das Kinderzimmer beschreiben	❍	✗		❍	❍

TEST 91

Schreibabsicht: erzählen / unterhalten

	r	f
► lebendig erzählen	✗	❍
► jeden Satz mit „Ich" beginnen	❍	✗
► Spannung erzeugen	✗	❍
► in der Vergangenheit schreiben	❍	✗
► die direkte Rede gezielt einsetzen	✗	❍

Schreibabsicht: informieren

	r	f
► sachlich beschreiben, berichten	✗	❍
► viele Eigenschaftswörter verwenden	❍	✗
► in der Mitvergangenheit schreiben	❍	✗
► Fachbegriffe verwenden	✗	❍
► Reihenfolge besonders beachten	✗	❍